LE
JUIF ERRANT

PAR

M. EUGÈNE SÜE

Tome Huitième

PARIS

PAULIN, ÉDITEUR
RUE RICHELIEU, 60

1845

LE
JUIF ERRANT.

OUVRAGES DU MÊME AUTEUR.

(ŒUVRES COMPLÈTES, 66 VOLUMES.)

EN VENTE
CHEZ PÉTION,

11, RUE DU JARDINET.

Les Mystères de Paris.	10 vol. in-8.
Mathilde.	6 vol. in-8.
Deux histoires.	2 vol. in-8.
Le marquis de Létorière.	1 vol. in-8.
Deleytar.	2 vol. in-8.
Jean Cavalier.	4 vol. in-8.
Le Morne-au-Diable.	2 vol. in-8.
Thérèse Dunoyer.	2 vol. in-8.
Latréaumont.	3 vol. in-8.
La Vigie de Koat-Ven.	4 vol. in-8.
Paula-Monti.	2 vol. in-8.
Le Commandeur de Malte.	2 vol. in-8.
Plick et Ploc.	2 vol. in-8.
Atar-Gull.	1 vol. in-8.
Arthur.	4 vol. in-8.
La Coucaratcha.	3 vol. in-8.
La Salamandre.	2 vol. in-8.
Histoire de la Marine (*gravures*).	4 vol. in-8.

Tous les ouvrages épuisés sont réimprimés.

PARIS. IMPRIMÉ PAR PLON FRÈRES.

LE
JUIF ERRANT

PAR

M. EUGÈNE SÜE

TOME HUITIÈME

PARIS
PAULIN, ÉDITEUR
RUE RICHELIEU, 60
—
1845

LE JUIF ERRANT.

HUITIÈME PARTIE.

LE CHOLÉRA.

CHAPITRE PREMIER.

LE PARVIS NOTRE-DAME.

Huit jours se sont écoulés depuis que Rodin a été atteint du choléra, dont les ravages vont toujours croissants.

Terrible temps que celui-là !

Un voile de deuil s'est étendu sur Paris, naguère si joyeux. Jamais, pourtant, le ciel n'a été d'un azur plus pur, plus constant ; jamais le soleil n'a rayonné plus radieux.

Cette inexorable sérénité de la nature, durant les ravages du fléau mortel, offrait un étrange et mystérieux contraste.

L'insolente lumière d'un soleil éblouissant rendait plus visible encore l'altération des traits causée par les mille angoisses de la peur. Car chacun tremblait, celui-ci pour soi, ceux-là pour des êtres aimés; les physionomies trahissaient quelque chose d'inquiet, d'étonné, de fébrile. Les pas étaient précipités, comme si, en marchant plus vite, on avait chance d'échapper au péril; et puis aussi on se hâtait de rentrer chez soi. On laissait la vie, la santé, le bonheur dans sa maison; deux heures après, on y retrouvait souvent l'agonie, la mort, le désespoir.

A chaque instant, des choses nouvelles et sinistres frappaient votre vue : tantôt passaient par les rues des charrettes remplies de cercueils symétriquement empilés. Elles s'arrêtaient devant chaque demeure; des hommes, vêtus de gris et de noir, attendaient sous la porte; ils tendaient les bras, et à ceux-ci l'on jetait un cercueil, à ceux-là deux, souvent trois ou quatre, dans la même maison, si bien que parfois, la provision étant vite épuisée, bien des morts de la rue n'étaient pas *servis*, et la charrette, arrivée pleine, s'en allait vide.

Dans presque toutes les maisons, de bas en haut, de haut en bas, c'était un bruit de marteaux assourdissant : on clouait des bières ; on en clouait tant, et tant, que, par intervalles, les cloueurs s'arrêtaient fatigués.

Alors, éclataient toutes sortes de cris de douleur, de gémissements plaintifs, d'imprécations désespérées. C'étaient ceux à qui les hommes gris et noirs avaient pris quelqu'un pour remplir les bières.

On remplissait donc incessamment des bières et on les clouait jour et nuit, plutôt le jour que la nuit, car, dès le crépuscule, à défaut des corbillards insuffisants, arrivait une lugubre file de voitures mortuaires improvisées : tombereaux, charrettes, tapissières, fiacres, haquets, venaient servir au funèbre transport ; à l'encontre des autres qui, dans les rues, entraient pleines et sortaient vides, ces dernières voitures entraient vides et bientôt sortaient pleines.

Pendant ce temps-là les vitres des maisons s'illuminaient, et souvent les lumières brûlaient jusqu'au jour. C'était la saison des bals ; ces clartés ressemblaient assez aux rayonnements lumineux des folles nuits de fête, si ce n'est que les cierges remplaçaient les bougies, et la psalmodie des prières des morts le joyeux bourdonnement du bal ; puis dans les rues, au lieu des bouffonneries transparentes de l'enseigne des costumiers pour les mascarades, se balançaient de loin en loin de grandes lanternes d'un rouge de sang portant ces mots en lettres noires :

Secours aux cholériques.

Où il y avait véritablement fête... pendant la nuit, c'était aux cimetières... Ils se débauchaient...

Eux, toujours si mornes, si muets, à ces heures nocturnes, heures silencieuses où l'on entend le léger frissonnement des cyprès agités par la brise,...

Eux, qui ne s'égayaient un peu qu'aux pâles rayons de la lune, jouant sur le marbre des tombes,...

Eux, si solitaires que nul pas humain

n'osait pendant la nuit troubler leur silence funèbre... ils étaient tout à coup devenus animés, bruyants, tapageurs et brillants de lumière.

A la lueur fumeuse des torches qui jetaient de grandes clartés rougeâtres sur les sapins noirs et sur les pierres blanches des sépulcres, bon nombre de fossoyeurs fossoyaient allègrement en fredonnant. Ce dangereux et rude métier se payait alors presqu'à prix d'or; on avait tant besoin de ces bonnes gens, qu'il fallait, après tout, les ménager; s'ils buvaient souvent, ils buvaient beaucoup; s'ils chantaient toujours, ils chantaient fort, et ce, pour entretenir leurs forces et leur bonne humeur, puissant auxiliaire d'un tel travail. Si quelques-uns ne finissaient pas d'aventure la fosse commencée, d'obligeants compagnons, la finissant *pour* eux (c'était le mot), les y plaçaient amicalement.

Aux joyeux refrains des fossoyeurs, répondaient d'autres flonflons lointains; des cabarets s'étaient improvisés aux environs des cimetières, et les cochers des morts, une fois *leurs pratiques descendues à leur adresse,* comme ils disaient ingénieusement, les cochers des morts, riches d'un salaire extraordinaire, banquetaient, rigolaient en seigneurs; souvent l'aurore les surprit le verre à la main et la gaudriole aux lèvres... Observation bizarre : chez ces gens de funérailles, vivant dans les entrailles du fléau, la mortalité fut presque nulle.

Dans les quartiers sombres, infects, où, au milieu d'une atmosphère morbide, vivaient entassés une foule de prolétaires déjà épuisés par les plus dures privations, et, ainsi que l'on disait énergiquement alors, *tout mâchés* pour le choléra, il ne s'agissait plus d'individus, mais de familles entières enlevées en quelques heures; pourtant, parfois, ô clémence providentielle! un ou deux petits enfants restaient seuls dans la chambre froide et délabrée, après que père et mère, frère et sœur, étaient partis en cercueil.

Souvent aussi on fut obligé de fermer, faute de locataires, plusieurs de ces maisons, pauvres ruches de laborieux travailleurs, complétement déshabitées en un jour par le fléau, depuis la cave, où selon l'habitude couchaient sur la paille de petits ramoneurs, jusqu'aux mansardes, où, hâve et demi-nu, se roidissait sur le carreau glacé quelque malheureux sans travail et sans pain.

De tous les quartiers de Paris, celui qui, pendant la période croissante du choléra, offrit peut-être le spectacle le plus effrayant, fut le quartier de la Cité, et, dans la Cité, le parvis Notre-Dame était presque chaque jour le théâtre de scènes terribles, la plupart des malades des rues voisines que l'on transportait à l'Hôtel-Dieu affluant sur cette place.

Le choléra n'avait pas une physionomie ;... il en avait mille. Ainsi, huit jours après que Rodin avait été subitement atteint, plusieurs événements où l'horrible le disputait à l'étrange, se passaient sur le parvis Notre-Dame.

Au lieu de la rue d'*Arcole* qui conduit aujourd'hui directement à cette place, on y arrivait alors d'un côté par une ruelle sordide comme toutes les rues de la Cité ; une voûte sombre et écrasée la terminait.

En entrant dans le parvis on avait à gauche le portail de l'immense cathédrale, et en face de soi les bâtiments de l'Hôtel-Dieu. Un peu plus loin, une échappée de vue permettait d'apercevoir le parapet du quai Notre-Dame.

Sur la muraille noirâtre et lézardée de l'arcade on pouvait lire un placard récemment appliqué; il portait ces mots tracés au moyen d'un poncif et de lettres de cuivre (1).

Vengeance... vengeance...

Les gens du peuple qui se font porter dans les hôpitaux y sont empoisonnés, parce qu'on trouve le nombre des malades trop considérable; chaque nuit des bateaux remplis de cadavres descendent la Seine.

Vengeance et mort aux assassins du peuple!

Deux hommes enveloppés de manteaux et à demi cachés dans l'ombre de la voûte écoutaient avec une curiosité inquiète une rumeur qui s'élevait de plus en plus menaçante

(1) On sait que lors du choléra des placards pareils furent répandus à profusion dans Paris et tour à tour attribués à différents partis, entre autres au parti prêtre, plusieurs évêques ayant publié des mandements ou fait dire dans les églises de leur diocèse que le Bon Dieu avait envoyé le choléra pour punir la France d'avoir chassé ses rois légitimes et assimilé le culte catholique aux autres cultes.

du milieu d'un rassemblement tumultueusement groupé aux abords de l'Hôtel-Dieu.

Bientôt ces cris :

— *Mort aux médecins!... Vengeance!* — arrivèrent jusqu'aux deux hommes embusqués sous l'arcade.

— Les placards font leur effet — dit l'un ; — le feu est aux poudres... Une fois la populace en délire,... on la lancera sur qui l'on voudra.

— Dis donc? — reprit l'autre homme — regarde là-bas... cet hercule dont la taille gigantesque domine toute cette canaille. Est-ce que ce n'était pas l'un des plus enragés meneurs lors de la destruction de la fabrique de M. Hardy?

— Pardieu, oui... Je le reconnais; partout où il y a un mauvais coup à faire, on retrouve ce gredin-là.

— Maintenant, crois-moi, ne restons pas sous cette arcade — dit l'autre homme — il y fait un vent glacé, et quoique je sois matelassé de flanelle...

—Tu as raison, le choléra est brutal en diable. D'ailleurs, tout se prépare bien de ce côté;

on assure aussi que l'émeute républicaine va soulever en masse le faubourg Saint-Antoine; chaud, chaud, ça nous sert, et la sainte cause de la religion triomphera de l'impiété révolutionnaire... Allons rejoindre le P. d'Aigrigny.

— Où le trouverons-nous?

— Ici près, viens... viens.

Et les deux hommes disparurent précipitamment.

Le soleil, commençant à décliner, jetait ses rayons dorés sur les noires sculptures du portail de Notre-Dame, et sur la masse imposante de ses deux tours qui se dressaient au milieu d'un ciel parfaitement bleu, car depuis plusieurs jours un vent de nord-est, sec et glacé, balayait les moindres nuages.

Un rassemblement assez nombreux, encombrant, nous l'avons dit, les abords de l'Hôtel-Dieu, se pressait aux grilles dont le péristyle de l'hospice est entouré; derrière la grille on voyait rangé un piquet d'infanterie; car les cris de *Mort aux médecins!* étaient devenus de plus en plus menaçants.

Les gens qui vociféraient ainsi appartenaient à une populace oisive, vagabonde et corrompue... à la lie de Paris ; aussi, chose effrayante, les malheureux que l'on transportait, traversant forcément ces groupes hideux, entraient à l'Hôtel-Dieu au milieu de clameurs sinistres et de cris de mort.

A chaque instant, des civières, des brancards apportaient de nouvelles victimes ; les civières, souvent garnies de rideaux de coutil, cachaient les malades ; mais les brancards n'ayant aucune couverture, quelquefois les mouvements convulsifs d'un agonisant écartaient le drap, qui laissait voir une face cadavéreuse.

Au lieu d'épouvanter les misérables rassemblés devant l'hospice, de pareils spectacles devenaient pour eux le signal de plaisanteries de cannibales, ou de prédictions atroces sur le sort de ces malheureux une fois au pouvoir des médecins.

Le *carrier* et *Ciboule*, accompagnés d'un bon nombre de leurs acolytes, se trouvaient mêlés à la populace.

Ensuite du désastre de la fabrique de M.

Hardy, le *carrier*, solennellement chassé du compagnonnage par *les loups*, qui n'avaient voulu conserver aucune solidarité avec ce misérable ; le carrier, disons-nous, se plongeant depuis lors dans la plus basse crapule et spéculant sur sa force herculéenne, s'était établi, moyennant salaire, le défenseur officieux de *Ciboule* et de ses pareilles.

Sauf quelques passants amenés par hasard sur le parvis Notre-Dame, la foule déguenillée dont il était couvert se composait donc du rebut de la population de Paris, misérables non moins à plaindre qu'à blâmer, car la misère, l'ignorance et le délaissement engendrent fatalement le vice et le crime. Pour ces sauvages de la civilisation, il n'y avait ni pitié, ni enseignement, ni terreur, dans les effrayants tableaux dont ils étaient entourés à chaque instant ; insoucieux d'une vie qu'ils disputaient chaque jour à la faim ou aux tentations du crime, ils bravaient le fléau avec une audace infernale, ou y succombaient le blasphème à la bouche.

La haute stature du carrier dominait les

groupes; l'œil sanglant, les traits enflammés, il vociférait de toutes ses forces :

— Mort aux carabins !... ils empoisonnent le peuple.

— C'est plus aisé que de le nourrir — ajoutait Ciboule.

Puis s'adressant à un vieillard agonisant, que deux hommes, perçant à grand'peine cette foule compacte, apportaient sur une chaise, la mégère reprit :

— N'entre donc pas là-dedans, eh ! moribond ; crève ici, au grand air, au lieu de crever dans cette caverne, où tu seras empoisonné comme un vieux rat.

— Oui — ajouta le carrier — après, on te jettera à l'eau pour régaler les ablettes dont tu ne mangeras pas, encore...

A ces atroces plaisanteries, le vieillard roula des yeux égarés et fit entendre de sourds gémissements; Ciboule voulut arrêter la marche des porteurs, et ils ne se débarrassèrent qu'à grand'peine de cette mégère. Le nombre des cholériques arrivant à l'Hôtel-Dieu augmentait de minute en minute; les moyens de transport habituels ayant manqué, à défaut de civières et de brancards, c'était à bras que l'on apportait les malades.

Çà et là des épisodes effrayants témoignaient de la rapidité foudroyante du fléau.

Deux hommes portaient un brancard recouvert d'un drap taché de sang; l'un d'eux se sent tout à coup atteint violemment, il s'arrête court; ses bras défaillants abandonnent le brancard; il pâlit, chancelle, tombe à demi renversé sur le malade, et devient aussi livide que lui... l'autre porteur, effrayé, fuit éperdu, laissant son compagnon et le mourant au milieu de la foule. Les uns s'éloignent avec horreur, d'autres éclatent d'un rire sauvage.

— L'attelage s'est effarouché — dit le carrier — il a laissé la carriole en plan...

— Au secours! — criait le moribond d'une voix dolente — par pitié portez-moi à l'hospice.

— Il n'y a plus de place au parterre — dit une voix railleuse.

— Et tu n'as pas assez de jambes pour monter au paradis — ajouta un autre.

Le malade fit un effort pour se soulever ; mais ses forces le trahirent : il retomba épuisé sur le matelas. Tout à coup la multitude reflua violemment, renversa le brancard ; le porteur et le vieillard sont foulés aux pieds, et leurs gémissements sont couverts par ces cris :

— *Mort aux carabins !*

Et les hurlements recommencèrent avec une nouvelle furie. Cette bande farouche, qui dans son délire féroce ne respectait rien, fut cependant obligée, quelques instants après, d'ouvrir ses rangs devant plusieurs ouvriers qui frayaient vigoureusement le passage à deux de leurs camarades apportant entre leurs bras entrelacés un artisan, jeune encore ; sa tête, appesantie et déjà livide, s'appuyait sur l'épaule de l'un de ses compagnons ; un petit enfant suivait en sanglotant, tenant le pan de la blouse de l'un des artisans.

Depuis quelques moments on entendait résonner au loin, dans les rues tortueuses de la Cité, le bruit sonore et cadencé de plusieurs tambours ; on battait le rappel, car l'émeute grondait au faubourg Saint-Antoine ; les tambours, débouchant par l'arcade, traversaient la place du parvis Notre-Dame ; un de ces soldats, vétéran à moustaches grises, ralentit subitement les roulements sonores de sa caisse, et resta un pas en arrière, ses compagnons se retournent surpris... il était vert; ses jambes fléchissent, il balbutie quelques mots inintelligibles et tombe foudroyé sur le pavé avant que les tambours du premier rang eussent cessé de battre. La rapidité fulgurante de cette attaque effraya un moment les plus endurcis; surprise de la brusque interruption du rappel, une partie de la foule courut par curiosité vers les tambours.

A la vue du soldat mourant que deux de ses compagnons soutenaient entre leurs bras, l'un des deux hommes qui, sous la voûte du Parvis, avaient assisté au commencement de l'émotion populaire, dit aux autres tambours :

— Votre camarade a peut-être bu en route à quelque fontaine ?

— Oui, monsieur — répondit le soldat —

il mourait de soif, il a bu deux gorgées d'eau sur la place du Châtelet.

— Alors il a été empoisonné — dit l'homme.

— Empoisonné? — s'écrièrent plusieurs voix.

— Il n'y aurait rien d'étonnant — répondit l'homme d'un air mystérieux; — on jette du poison dans les fontaines publiques; ce matin on a massacré un homme rue Beaubourg : on l'avait surpris vidant un paquet d'arsenic dans le broc d'un marchand de vin (1).

Après avoir prononcé ces paroles, l'homme disparut dans la foule.

Ce bruit, non moins stupide que le bruit qui courait sur les empoisonnements des malades de l'Hôtel-Dieu, fut accueilli par une explosion de cris d'indignation : cinq ou six hommes en guenilles, véritables bandits, saisirent le corps du tambour expirant,

(1) On sait qu'à cette malheureuse époque plusieurs personnes furent massacrées sous le faux prétexte d'empoisonnement.

l'élevèrent sur leurs épaules, malgré les efforts de ses camarades, et, portant ce sinistre trophée, ils parcoururent le Parvis, précédés du carrier et de Ciboule, qui criaient partout sur leur passage :

— Place au cadavre ? voilà comme on empoisonne le peuple !...

Un nouveau mouvement fut imprimé à la foule par l'arrivée d'une berline de poste à quatre chevaux ; n'ayant pu passer sur le quai Napoléon, alors en partie dépavé, cette voiture s'était aventurée à travers les rues tortueuses de la Cité, afin de gagner l'autre rive de la Seine par le parvis Notre-Dame.

Ainsi que bien d'autres, ces émigrants fuyaient Paris pour échapper au fléau qui le décimait ; un domestique et une femme de chambre assis sur le siége de derrière échangèrent un coup d'œil d'effroi en passant devant l'Hôtel-Dieu, tandis qu'un jeune homme placé dans l'intérieur et sur le devant de la voiture, baissa la glace pour recommander aux postillons d'aller au pas, de crainte d'accident, la foule étant alors très-compacte ; ce jeune homme était M. de Mérinval ; dans le fond de la voiture se trouvaient M. de Montbron et sa nièce, madame de Mérinval.

La pâleur et l'altération des traits de la jeune femme disaient assez son épouvante; M. de Montbron, malgré sa fermeté d'esprit, semblait fort inquiet et aspirait de temps à autre, ainsi que sa nièce, un flacon rempli de camphre.

Pendant quelques minutes la voiture s'avança lentement; les postillons conduisaient leurs chevaux avec précaution. Soudain une rumeur, d'abord sourde et lointaine, circula dans les rassemblements, et bientôt se rapprocha; elle augmentait à mesure que devenait plus distinct ce son retentissant de chaînes et de *ferraille*, son bruyant généralement, particulier aux fourgons d'artillerie; en effet, une de ces voitures, arrivant par le quai Notre-Dame en sens inverse de la berline, la croisa bientôt.

Chose étrange: la foule était compacte, la marche de ce fourgon rapide; pourtant, à l'approche de cette voiture, les rangs pressés s'ouvraient comme par enchantement.

Ce prodige s'expliqua bientôt par ces mots répétés de bouche en bouche.

— Le fourgon des morts!... le fourgon des morts!

Le service des pompes funèbres ne suffisant plus au transport des corps, on avait mis en réquisition un certain nombre de fourgons d'artillerie, dans lesquels on entassait précipitamment les cercueils.

Si un grand nombre de passants regardaient cette sinistre voiture avec épouvante, le carrier et sa bande redoublèrent d'horribles lazzis.

— Place à l'omnibus des trépassés! — cria Ciboule.

— Dans cet omnibus-là, il n'y a pas de danger qu'on vous y marche sur les pieds — dit le carrier.

— C'est des voyageurs commodes qui sont là-dedans.

— Ils ne demandent jamais à descendre, au moins.

— Tiens, il n'y a qu'un soldat du train pour postillon!

— C'est vrai, les chevaux de devant sont menés par un homme en blouse.

— C'est que l'autre soldat aura été fatigué ; le câlin... il sera monté dans l'omnibus de la mort avec les autres... qui ne descendent qu'au grand trou.

— Et la tête en avant, encore.

— Oui ; ils piquent une tête dans un lit de chaux.

— Où ils font la *planche*, c'est le cas de le dire.

— Ah ! c'est pour le coup qu'on la suivrait les yeux fermés... la voiture de la mort... C'est pire qu'à Montfaucon.

— C'est vrai... Ça sent le mort qui n'est plus frais — dit le carrier en faisant allusion à l'odeur infecte et cadavéreuse que ce funèbre véhicule laissait après lui.

— Ah bon !... — reprit Ciboule — voilà l'omnibus de la mort qui va accrocher la belle voiture ; tant mieux... Ces riches, ils sentiront la mort.

En effet, le fourgon se trouvait alors à peu de distance et absolument en face de la berline, qu'il croisait ; un homme en blouse e en sabots conduisait les deux chevaux de volée, un soldat du train menait l'attelage de timon.

Les cercueils étaient entassés en si grand nombre dans ce fourgon que son couvercle demi-circulaire ne fermait qu'à moitié, de sorte qu'à chaque soubresant de la voiture qui, lancée rapidement, cahotait rudement sur le pavé très-inégal, on voyait les bières se heurter les unes contre les autres.

Aux yeux ardents de l'homme en blouse, à son teint enflammé, on devinait qu'il était à moitié ivre ; excitant ses chevaux de la voix, des talons et du fouet, malgré les recommandations impuissantes du soldat du train, qui, contenant à peine ses chevaux, suivait malgré lui l'allure désordonnée que le charretier donnait à l'attelage. Aussi, l'ivrogne, ayant dévié de sa route, vint droit sur la berline, et l'accrocha.

A ce choc le couvercle du fourgon se renverse, et, lancé en dehors par cette violente secousse, un des cercueils, après avoir endommagé la portière de la berline, retomba sur le pavé avec un bruit sourd et mat.

Cette chute disjoignit les planches de sapin clouées à la hâte, et au milieu des éclats du cercueil on vit rouler un cadavre bleuâtre, à demi enveloppé d'un suaire.

A cet horrible spectacle, madame de Mérinval, qui avait machinalement avancé la tête à la portière, perdit connaissance en poussant un grand cri.

La foule recula avec frayeur; les postillons de la berline, non moins effrayés, profitant de l'espace qui s'était formé devant eux par la brusque retraite de la multitude, lors du passage du fourgon, fouettèrent leurs chevaux, et la voiture se dirigea vers le quai.

Au moment où la berline disparaissait derrière les derniers bâtiments de l'Hôtel-Dieu, on entendit au loin les fanfares retentissantes d'une musique joyeuse, et ces cris répétés de proche en proche :

La mascarade du choléra!

Ces mots annonçaient un de ces épisodes moitié bouffons, moitié terribles, et à peine croyables, qui signalèrent la période croissante de ce fléau.

En vérité, si les témoignages contemporains n'étaient pas complétement d'accord avec les relations des papiers publics au sujet de cette mascarade, on croirait qu'au lieu d'un fait réel il s'agit de l'élucubration de quelque cerveau délirant.

La *mascarade du choléra* se présenta donc sur le parvis Notre-Dame au moment où la voiture de M. de Mérinval disparaissait du côté du quai après avoir été accrochée par le fourgon des morts.

CHAPITRE II.

LA MASCARADE DU CHOLÉRA (1).

Un flot de peuple précédant la mascarade, fit brusquement irruption par l'arcade du Parvis en poussant de grands cris ; des en-

(1, On lit dans *le Constitutionnel* du samedi 31 mars 1832 : « Les Parisiens se conforment à la partie de l'instruction populaire sur le choléra, qui entre autres recettes préservatrices prescrit de n'avoir pas peur du mal, de se distraire, etc., etc. Les plaisirs de la mi-carême ont été aussi brillants et aussi fous que ceux du carnaval même, on n'avait pas vu depuis long-temps, à cette époque de l'année, autant de bals ; le choléra lui-même a été le sujet d'une caricature ambulante. »

fants soufflaient dans des cornets à bouquin, d'autres huaient, d'autres sifflaient.

Le carrier, *Ciboule* et leur bande, attirés par ce nouveau spectacle, se précipitèrent en masse du côté de la voûte.

Au lieu des deux traiteurs qui existent aujourd'hui de chaque côté de la rue d'Arcole, il n'y en avait alors qu'un seul, situé à gauche de l'arcade, et fort renommé dans le joyeux monde des étudiants pour l'excellence de ses vins et pour sa cuisine provençale.

Au premier bruit des fanfares sonnées par des piqueurs en livrée précédant la mascarade, les fenêtres du grand salon du restaurant s'ouvrirent, et plusieurs *garçons*, la serviette sous le bras, se penchèrent aux croisées, impatients de voir l'arrivée des singuliers convives qu'ils attendaient.

Enfin le grotesque cortége parut au milieu d'une clameur immense.

La mascarade se composait d'un quadrige escorté d'hommes et de femmes à cheval; cavaliers et amazones portaient des costumes de fantaisie à la fois élégants et riches. La plupart de ces masques appartenaient à la classe moyenne et aisée.

Le bruit avait couru qu'une mascarade s'organisait afin de *narguer le choléra*, et de remonter, par cette joyeuse démonstration, le moral de la population effrayée ; aussitôt artistes, jeunes gens du monde, étudiants, commis, etc., etc., répondirent à cet appel, et quoique jusqu'alors inconnus les uns aux autres, ils fraternisèrent immédiatement ; plusieurs, pour compléter la fête, amenèrent leurs maîtresses; une souscription avait couvert les frais de la fête, et le matin, après un déjeuner splendide fait à l'autre bout de Paris, la troupe joyeuse s'était mise bravement en marche pour venir terminer la journée par un dîner au parvis Notre-Dame.

Nous disons *bravement* parce qu'il fallait à ces jeunes femmes une singulière trempe d'esprit, une rare fermeté de caractère, pour traverser ainsi cette grande ville plongée dans la consternation et dans l'épouvante, pour se croiser presque à chaque pas sans pâlir avec des brancards chargés de mourants et des voitures remplies de cadavres, pour s'attaquer enfin, par la plaisanterie la plus étrange, au fléau qui décimait Paris.

Du reste, à Paris seulement, et seulement dans une certaine classe de sa population, une pareille idée pouvait naître et se réaliser.

Deux hommes grotesquement déguisés en postillons des pompes funèbres, ornés de faux nez formidables, portant à leur chapeau des pleureuses en crêpe rose, et à leur boutonnière de gros bouquets de roses et des bouffettes de crêpe, conduisaient le quadrige.

Sur la plate-forme de ce char étaient groupés des personnages allégoriques représentant :

Le *Vin* ;
La *Folie* ;
L'*Amour* ;
Le *Jeu*.

Ces êtres symboliques avaient pour mission providentielle de rendre, à force de lazzis, de sarcasmes et de nasardes, la vie singulièrement dure au *bonhomme Choléra*, manière de funèbre et burlesque Cassandre qu'ils bafouaient, qu'ils turlupinaient de cent façons.

La moralité de la chose était celle-ci :

—Pour braver sûrement le choléra, il faut boire, rire, jouer et faire l'amour.

Le *Vin* avait pour représentant un gros Silène pansu, ventru, trapu, cornu, portant couronne de lierre au front, peau de panthère à l'épaule, et à la main une grande coupe dorée, entourée de fleurs.

Nul autre que Nini-Moulin, l'écrivain moral et religieux, ne pouvait offrir aux spectateurs étonnés et ravis une oreille plus écarlate, un abdomen plus majestueux, une trogne plus triomphante et plus enluminée.

A chaque instant, Nini-Moulin faisait mine de vider sa coupe, après quoi il venait insolemment éclater de rire au nez du bonhomme Choléra.

Le *bonhomme Choléra*, cadavéreux Géronte, était à demi enveloppé d'un suaire ; son masque de carton verdâtre, aux yeux rouges et creux, semblait incessamment grimacer la mort d'une manière des plus réjouissantes ; sous sa perruque à trois marteaux congrument poudrée et surmontée d'un bonnet de coton pyramidal, son cou et un de ses bras sortant aussi du linceul, étaient teints d'une belle couleur verdâtre; sa main décharnée, presque toujours agitée d'un frisson fiévreux (non feint, mais naturel), s'appuyait sur une canne à bec de corbin; il portait enfin, comme il convient à tout Géronte, des bas rouges à jarretières bouclées et de hautes mules de castor noir.

Ce grotesque représentant du choléra était Couche-tout-Nu.

Malgré une fièvre lente et dangereuse, causée par l'abus de l'eau-de-vie et par la débauche, fièvre qui le minait sourdement, Jacques avait été engagé par Morok à concourir à cette mascarade.

Le dompteur de bêtes, vêtu en *roi de carreau*, figurait le *Jeu*.

Le front ceint d'un diadème de carton doré, sa figure impassible et blafarde entourée d'une longue barbe jaune qui retombait sur le devant de sa robe écartelée de couleurs tranchantes, Morok avait parfaitement la physionomie de son rôle. De temps à autre, d'un air gravement narquois, il agitait aux yeux du *bonhomme Choléra* un grand sac rempli de jetons bruyants, sur lesquels étaient peintes toutes sortes de cartes à jouer. Certaine gêne dans le mouvement de son bras droit annonçait que le dompteur de bêtes se ressentait encore un peu de la blessure que lui avait faite la panthère noire avant d'être éventrée par Djalma.

La *Folie*, symbolisant le *rire*, venait à son tour secouer classiquement sa marotte à grelots sonores et dorés aux oreilles du bonhomme Choléra; la *Folie* était une jolie fille, alerte et preste, portant sur ses beaux cheveux noirs un bonnet phrygien couleur écarlate; elle remplaçait auprès de Couche-tout-Nu la pauvre reine Bacchanal, qui n'eût pas manqué à une fête pareille, elle si vaillante et si gaie, elle qui, naguère encore, avait fait partie d'une mascarade d'une portée peut-être moins philosophique, mais aussi amusante.

Une autre jolie créature, mademoiselle Modeste Bornichoux, qui *posait* le torse chez un peintre en renom (un des cavaliers du cortége), représentait l'*Amour* et le représentait à merveille; on ne pouvait prêter à l'Amour un plus charmant visage et des formes plus gracieuses. Vêtue d'une tunique bleue pailletée, portant un bandeau bleu et argent sur ses cheveux châtains, et deux petites ailes transparentes derrière ses blanches épaules, l'Amour, croisant sur son index gauche son index droit, faisait de temps à autre (qu'on excuse cette trivialité), faisait très-gentiment et très-impertinemment *ratisse* au bonhomme Choléra.

Autour du groupe principal, d'autres masques plus ou moins grotesques agitaient des bannières sur lesquelles on lisait ces inscriptions très anacréontiques pour la circonstance :

— *Enterré, le Choléra!*
— *Courte et bonne!*
— *Il faut rire... rire, et toujours rire!*
— *Les flambards flamberont le Choléra!*
— *Vive l'amour!*
— *Vive le vin!*
— *Mais viens-y donc, mauvais fléau!!*

Il y avait réellement tant d'audacieuse gaieté dans cette mascarade, que le plus grand nombre des spectateurs, au moment où elle défila sur le Parvis pour se rendre chez le restaurateur où le dîner l'attendait, applaudirent à plusieurs reprises ; cette sorte d'admiration qu'inspire toujours le courage, si fou, si aveugle qu'il soit, parut à d'autres spectateurs (en petit nombre, il est vrai), une sorte de défi jeté au *courroux céleste ;* aussi accueillirent-ils le cortége par des murmures irrités.

Ce spectacle extraordinaire et les diverses impressions qu'il causait étaient trop en dehors des faits habituels pour pouvoir être justement appréciés : l'on ne sait en vérité si cette courageuse bravade mérite la louange ou le blâme.

D'ailleurs, l'apparition de ces fléaux qui, de siècle en siècle, déciment les populations, a presque toujours été accompagnée d'une sorte de surexcitation morale, à laquelle n'échappait aucun de ceux que la contagion épargnait ; vertige fiévreux et étrange qui tantôt met en jeu les préjugés les plus stupides, les passions les plus féroces, tantôt inspire, au contraire, les dévouements les plus magnifiques, les actions les plus courageuses ;

exalte enfin chez les uns la peur de la mort jusqu'aux plus folles terreurs, tandis que chez d'autres le dédain de la vie se manifeste par les plus audacieuses bravades.

Songeant assez peu aux louanges ou au blâme qu'elle pouvait mériter, la *mascarade* arriva jusqu'à la porte du restaurateur, et y fit son entrée au milieu des acclamations universelles.

Tout semblait d'accord pour compléter cette bizarre imagination, par les contrastes les plus singuliers...

Ainsi, la taverne où allait avoir lieu cette surprenante bacchanale, étant justement située non loin de l'antique cathédrale et du sinistre hospice, les chœurs religieux de la vieille basilique, les cris des mourants et les chants bachiques des banquetants devaient se couvrir et s'entendre tour à tour.

Les masques ayant descendu de voiture et de cheval, allèrent prendre place au repas qui les attendait.

. . . .

Les acteurs de la mascarade sont attablés dans une grande salle du restaurant. Ils sont joyeux, bruyants, tapageurs; cependant leur gaieté a un caractère étrange...

Quelquefois, les plus résolus se rappellent involontairement que c'est leur vie qu'ils jouent dans cette folle et audacieuse lutte contre le fléau. Cette pensée sinistre est rapide comme le frisson fiévreux qui vous glace en un instant; aussi, de temps à autre, de brusques silences durant à peine une seconde trahissent ces préoccupations passagères, bientôt effacées d'ailleurs par de nouvelles explosions de cris joyeux, car chacun se dit : — Pas de faiblesse, mon compagnon, ma maîtresse me regarde.

Et chacun rit et trinque de plus belle, tutoie son voisin et boit de préférence dans le verre de sa voisine.

Couche-tout-Nu avait déposé le masque et la perruque du bonhomme Choléra; la maigreur de ses traits plombés, leur pâleur maladive, le sombre éclat de ses yeux caves accusaient les progrès incessants de la maladie lente qui consumait ce malheureux arrivé, par les excès, au dernier degré de l'épuisement: quoiqu'il sentît un feu sourd dévorer ses entrailles, il cachait ses douleurs sous un rire factice et nerveux.

A la gauche de Jacques était Morok, dont la domination fatale allait toujours croissant, et à sa droite la jeune jeune fille déguisée en *Folie;* on la nommait Mariette; à côté de celle-ci Nini-Moulin se prélassait dans son majestueux embonpoint et feignait souvent de chercher sa serviette sous la table, afin de serrer les genoux de son autre voisine, mademoiselle Modeste, qui représentait l'*Amour*.

La plupart des convives s'étaient groupés selon leurs goûts, chacun à côté de sa chacune, et les *célibataires* où ils avaient pu. On était au second service; l'excellence des vins, la bonne chère, les gais propos, l'étrangeté même de la position avaient exalté singulièrement les esprits, ainsi que l'on pourra s'en convaincre par les incidents extraordinaires de la scène suivante.

CHAPITRE III.

LE COMBAT SINGULIER.

Deux ou trois fois, un des *garçons* du restaurant était venu, sans que les convives l'eussent remarqué, parler à voix basse à ses camarades, en leur montrant d'un geste expressif le plafond de la salle du festin; mais ses camarades n'avaient nullement tenu compte de ses observations ou de ses craintes, ne voulant pas sans doute déranger les convives, dont la folle gaieté semblait aller toujours croissant.

— Qui doutera maintenant de la supériorité de notre manière de traiter cet impertinent choléra? A-t-il osé atteindre notre bataillon sacré ? — dit un magnifique *Turc-saltimbanque*, l'un des porte-bannière de la mascarade.

— Voilà tout le mystère — reprit un autre. — C'est bien simple. Éclatez de rire au nez du bonhomme-fléau, et il vous tourne aussitôt les talons.

— Il se rend justice, car c'est joliment bête ce qu'il fait — ajouta une jolie petite Pierrette en vidant lestement son verre.

— Tu as raison, Chouchoux, c'est bête et archi-bête — reprit le Pierrot de la Pierrette; — car enfin vous êtes là, bien tranquille, jouissant du bonheur de la vie, et tout d'un coup, après une atroce grimace, vous mourez... Eh bien ! après ? comme c'est malin, comme c'est drôle ! Je vous demande un peu ce que ça prouve ?

— Ça prouve — reprit un illustre peintre romantique, déguisé en Romain de l'école de David — ça prouve que le choléra est un pitoyable coloriste, car sa palette n'a qu'un ton, un mauvais ton verdâtre... Évidemment le drôle a étudié chez cet assommant Jacobus, le roi des peintres classiques, fléau d'une autre espèce...

— Pourtant, maître — ajouta respectueusement un élève du grand peintre — j'ai vu des cholériques dont les convulsions avaient assez de *tournure* et dont l'agonie ne manquait pas de *chic!*

— Messieurs — s'écria un sculpteur non moins célèbre — résumons la question. Le choléra est un détestable coloriste, mais c'est un crâne dessinateur... il vous anatomise la charpente d'une rude façon ; tudieu ! comme il vous décharne ! Auprès de lui Michel-Ange ne serait qu'un écolier.

— Accordé... cria-t-on tout d'une voix. — Le choléra peu coloriste... mais crâne dessinateur !

— Du reste, messieurs — reprit Nini-Moulin avec une gravité comique — il y a dans ce fléau une polissonne de leçon providentielle... comme dirait le grand Bossuet...

— La leçon ! la leçon !

— Oui, messieurs,... il me semble entendre une voix d'en haut qui nous crie : Buvez du meilleur, videz votre bourse et embrassez la femme de votre prochain... car vos heures sont peut-être comptées... malheureux!!!

Ce disant, le Silène orthodoxe profita d'un moment de distraction de mademoiselle Modeste, sa voisine, pour cueillir sur la joue fleurie de l'*Amour* un gros et bruyant baiser.

L'exemple fut contagieux, un frais cliquetis de baisers vint se mêler aux éclats de rire.

— Tubleu, vertubleu, ventredieu! — s'écria le grand peintre en menaçant gaiement Nini-Moulin — vous êtes bien heureux que ce soit peut-être demain la fin du monde, sans cela je vous chercherais querelle pour avoir embrassé l'*Amour* qui est mes amours.

— C'est ce qui vous démontre, ô Rubens, ô Raphaël que vous êtes, les mille avantages du choléra que je proclame essentiellement sociable et caressant.

— Et philanthrope donc! — dit un convive; — grâce à lui les créanciers soignent la santé de leurs débiteurs... Ce matin, un usurier, qui s'intéresse particulièrement à mon existence, m'a apporté toutes sortes de drogues anticholériques en me suppliant de m'en servir.

— Et moi donc ! — dit l'élève du grand peintre — mon tailleur voulait me forcer à porter une ceinture de flanelle sur la peau, parce que je lui dois mille écus ; à cela je lui ai répondu : O tailleur, donnez-moi quittance et je m'*enflanelle*, pour vous conserver ma pratique, puisque vous y tenez tant !

— Oh ! choléra, je bois à toi — reprit Nini-Moulin en manière d'invocation grotesque — tu n'es pas le désespoir ; au contraire, tu symbolises l'espérance : oui, l'espérance. Combien de maris, combien de femmes ne comptaient que sur un numéro, hélas trop incertain ! de la loterie du veuvage ! Tu parais, et les voilà ragaillardis ; grâce à toi, ô complaisant fléau, ils voient centupler leurs chances de liberté.

— Et les héritiers donc : quelle reconnaissance ! Un refroidissement, un zest... un rien... et crac, en une heure, voilà un oncle ou un collatéral passé à l'état de bienfaiteur vénéré.

— Et les gens qui ont le tic d'en vouloir

toujours aux places des autres ! quel fameux compère ils vont trouver dans le choléra !

— Et comme ça va rendre vrais bien des serments de constance ! — dit sentimentalement mademoiselle Modeste ; — combien de gredins ont juré à une douce et faible femme de l'aimer pour la vie, et qui ne s'attendaient pas, les Bédouins ! à être aussi fidèles à leur parole !

— Messieurs — s'écria Nini-Moulin — puisque nous voilà peut-être à la veille de la fin du monde, comme dit le célèbre peintre que voici, je propose de jouer au monde renversé : je demande que ces dames nous agacent, qu'elles nous provoquent, qu'elles nous lutinent, qu'elles nous dérobent des baisers, qu'elles prennent toutes sortes de licences avec nous ; et à la rigueur, ma foi tant pis !... on n'en meurt pas ; à la rigueur, je demande qu'elles nous insultent ; oui, je déclare que je me laisse insulter, que j'invite à m'insulter... Ainsi donc, l'*Amour*, vous pouvez me favoriser de l'insulte la plus grossière que l'on puisse faire à un célibataire vertueux et pudibond — ajouta l'écrivain religieux en se penchant vers mademoiselle Modeste, qui le repoussa en riant comme une folle.

Une hilarité générale accueillit la proposition saugrenue de Nini-Moulin, et l'orgie prit un nouvel élan.

Au milieu de ce tumulte assourdissant, le *garçon* qui était déjà entré plusieurs fois pour parler bas et d'un air inquiet à ses camarades en leur montrant le plafond, reparut, la figure pâle, altérée ; s'approchant de celui qui remplissait les fonctions de maître-d'hôtel, il lui dit tout bas d'une voix émue :

— Ils viennent d'arriver...

— Qui ?

— Vous savez bien... pour là-haut... — et il montra le plafond.

— Ah !... — dit le maître-d'hôtel en devenant soucieux — et où sont-ils ?

— Ils viennent de monter,... ils y sont maintenant — ajouta le garçon en secouant la tête d'un air effrayé ; — ils y sont.

— Que dit le patron ?

— Il est désolé... à cause de... — et le garçon jeta un coup d'œil circulaire sur les convives ; — il ne sait que faire ,... il m'envoie vers vous...

— Et que diable veut-il que je fasse... moi? — dit l'autre en s'essuyant le front — il fallait s'y attendre, il n'y a pas moyen d'échapper à cela.

— Moi, je ne reste pas ici, ça va commencer.

— Tu feras aussi bien, car avec ta figure bouleversée tu attires déjà l'attention ; va-t'en, et dis au patron qu'il faut attendre l'événement.

Cet incident passa presque inaperçu, au milieu du tumulte croissant du joyeux festin.

Cependant, parmi les convives, un seul ne riait pas, ne buvait pas, c'était Couche-tout-Nu : l'œil sombre, fixe, il regardait dans le vide ; étranger à ce qui passait autour de lui, le malheureux songeait à la reine Bacchanal, qui eût été si brillante, si gaie dans une pareille saturnale. Le souvenir de cette créature, qu'il aimait toujours d'un amour extravagant, était la seule pensée qui vînt de temps à autre le distraire de son abrutissement.

Chose bizarre. Jacques n'avait consenti à faire partie de cette mascarade que parce que cette folle journée lui rappelait le dernier jour de fête passé avec Céphyse : ce *réveille-matin*, à la suite d'une nuit de bal masqué, joyeux repas au milieu duquel la reine Bacchanal, par un étrange pressentiment, avait porté ce toast lugubre à propos du fléau, qui, disait-on, se rapprochait de la France : — *Au choléra!* avait dit Céphyse. — *Qu'il épargne ceux qui ont envie de vivre, et qu'il fasse mourir ensemble ceux qui ne veulent pas se quitter !*

A ce moment même, songeant à ces tristes paroles, Jacques était péniblement absorbé. Morok, s'apercevant de sa préoccupation, lui dit tout haut :

— Ah çà !... tu ne bois plus, Jacques ? Tu as donc assez de vin ? Est-ce de l'eau-de-vie qu'il te faut ?... je vais en demander.

— Il ne me faut ni vin ni eau-de-vie... — répondit brusquement Jacques. Et il retomba dans une sombre rêverie.

— Au fait, tu as raison — reprit Morok d'un ton sardonique en élevant de plus en plus la voix — tu fais bien de te ménager ;... j'étais fou de parler d'eau-de-vie :... par le temps qui court,... il y aurait autant de témérité à se mettre en face d'une bouteille d'eau-de-vie que devant la gueule d'un pistolet chargé.

En entendant mettre en doute son courage de buveur, Couche-tout-Nu regarda Morok d'un air irrité.

— Ainsi, c'est par poltronnerie que je n'ose pas boire d'eau-de-vie — s'écria ce malheureux, dont l'intelligence, à demi éteinte, se réveillait pour défendre ce qu'il appelait sa *dignité* — c'est par poltronnerie que je refuse de boire, hein ? Morok ! Réponds-donc.

— Allons, mon brave, tous tant que nous sommes, nous avons fait aujourd'hui nos preuves — dit un des convives à Jacques — et vous surtout, qui, étant un peu malade, avez eu le courage d'accepter le rôle du bonhomme Choléra.

— Messieurs — reprit Morok voyant l'attention générale fixée sur lui et sur Couche-tout-Nu — je plaisantais, car si le camarade (il montra Jacques) avait eu l'impru-

LE COMBAT SINGULIER. 47

dence d'accepter mon offre, il aurait été, non pas intrépide, mais fou... Heureusement il a la sagesse de renoncer à cette forfanterie si dangereuse à cette heure, et je...

— Garçon ! dit Couche-tout-Nu en interrompant Morok avec une impatience courroucée — deux bouteilles d'eau-de-vie... et deux verres.

— Que veux-tu faire ? — dit Morok en feignant une surprise inquiète. — Pourquoi ces deux bouteilles d'eau de-vie ?

— Pour un duel... dit Jacques d'un ton froid et résolu.

— Un duel ! s'écria-t-on avec surprise.

— Oui... — reprit Jacques — un duel... au cognac... Tu prétends qu'il y a autant de danger à se mettre devant une bouteille d'eau-de-vie que devant la gueule d'un pistolet... Prenons chacun une bouteille pleine ; l'on verra qui de nous deux reculera.

Cette étrange proposition de Couche-tout-Nu fut accueillie par les uns avec des cris de joie, par d'autres avec une véritable inquiétude.

— Bravo ! les champions de la bouteille ! — criaient ceux-ci.

— Non ! non ! il y aurait trop de danger dans une pareille lutte — disaient ceux-là.

— Ce défi par le temps qui court... est aussi sérieux qu'un duel... à mort — ajoutait un autre.

— Tu entends — dit Morok avec un sourire diabolique — tu entends, Jacques ;... vois maintenant si tu veux reculer devant le *danger ?*

A ces mots, qui lui rappelaient encore le péril auquel il allait s'exposer, Jacques tressaillit, comme si une idée soudaine lui fût venue à l'esprit ; il redressa fièrement la tête, ses joues se colorèrent légèrement, son regard éteint brilla d'une sorte de satisfaction sinistre, et il s'écria d'une voix ferme :

— Mordieu ! garçon, es-tu sourd ? est-ce que je ne t'ai pas demandé deux bouteilles d'eau-de-vie ?

— Voilà, monsieur — dit le garçon, en sortant presque effrayé de ce qui allait se passer pendant cette lutte bachique.

Néanmoins, la folle et périlleuse résolution de Jacques fut applaudie par la majorité.

Nini-Moulin se démenait sur sa chaise, trépignait et criait à tue-tête :

— Bacchus et ma soif !! mon verre et ma pinte !!... les gosiers sont ouverts ! cognac à la rescousse !.. Largesse ! largesse !..

Et il embrassa mademoiselle Modeste, en vrai champion de tournoi, ajoutant, pour excuser cette liberté :

— l'*Amour*, vous serez la reine de beauté... j'essaie le bonheur du vainqueur !...

— Cognac à la rescousse! répéta-t-on en chœur — largesse !...

— Messieurs — ajouta Nini-Moulin avec enthousiasme — resterons-nous indifférents au noble exemple que nous donne *le bonhomme Choléra* (il montra Jacques) ? il a fièrement dit *cognac*... répondons-lui glorieusement *punch !*...

— Oui ! oui ! punch !...

— Punch à la rescousse !...

— Garçon ! — cria l'écrivain religieux d'une voix de Stentor — garçon ! avez-vous ici une bassine, un chaudron, une cuve, une immensité quelconque... afin d'y confectionner un punch monstre...

— Un punch babylonien !...

— Un punch lac!!...

— Un punch océan!...

Tel fut l'ambitieux crescendo qui suivit la proposition de Nini-Moulin.

— Monsieur — répondit le garçon d'un air triomphant — nous avons justement une marmite de cuivre tout fraîchement étamée, elle n'a pas servi, elle tiendrait au moins trente bouteilles.

— Apportez la marmite !... — dit Nini-Moulin avec majesté.

— Vive la marmite ! — cria-t-on en chœur.

— Mettez dedans vingt bouteilles de kirch, six pains de sucre, douze citrons, une livre de cannelle, et feu... feu partout !... feu !... — ajouta l'écrivain religieux, en poussant des cris inhumains.

— Oui, oui, feu partout ! — répéta-t-on en chœur.

La proposition de Nini-Moulin donnait un nouvel élan à la gaieté générale ; les propos les plus fous se croisaient et se mêlaient au doux bruit des baisers surpris ou donnés sous le prétexte que l'on n'aurait peut-être pas de lendemain, qu'il fallait se résigner, etc., etc.

Soudain, au milieu de l'un de ces moments de silence qui surviennent parfois parmi les plus grands tumultes, on entendit plusieurs coups sourds et mesurés retentir au-dessus de la salle du festin.

Tout le monde se tut, et l'on prêta l'oreille.

4.

CHAPITRE IV.

COGNAC A LA RESCOUSSE.

Au bout de quelques secondes, le bruit singulier dont les convives avaient été si surpris retentit de nouveau, mais plus fort et plus continu.

— Garçon ! dit un convive — quel diable de bruit est-ce là ?

Le garçon, échangeant avec ses camarades des regards inquiets et effarés, répondit en balbutiant.

— Monsieur... c'est... c'est...

— Et pardieu... c'est quelque locataire malfaisant et bourru, quelque animal ennemi de la joie qui cogne à son plancher pour nous dire de chanter moins haut... — dit Nini-Moulin.

— Alors, règle générale — reprit sentencieusement l'élève du grand peintre — un locataire ou propriétaire quelconque demande-t-il du silence, la tradition veut qu'on lui réponde à l'instant par un charivari infernal, destiné, s'il se peut, à rendre immédiatement sourd le réclamant. Telles sont du moins — ajouta modestement le rapin — telles sont du moins les relations étrangères que j'ai toujours vu pratiquer entre puissances *plafonitrophes*.

Ce néologisme un peu risqué fut accueilli par des rires et des bravos universels.

Pendant ce tumulte, Morok interrogea un des garçons, reçut sa réponse, et s'écria d'une voix perçante qui domina le tapage :

— Je demande la parole.

— Accordé... cria-t-on gaiement.

— Pendant le silence qui suivit l'allocution de Morok, le bruit s'entendit de nouveau : il était cette fois plus précipité.

— Le locataire est innocent — dit Morok

avec un sourire sinistre ; il est incapable de s'opposer en rien aux élans de notre joie.

— Alors, pourquoi frappe-t-il là-haut comme un sourd ? — dit Nini-Moulin en vidant son verre.

— Comme un sourd qui a perdu son bâton ? — ajouta le rapin.

— Ce n'est pas le locataire qui frappe — dit Morok de sa voix tranchante et brève — c'est sa bière que l'on cloue...

Un brusque et morne silence suivit ces paroles.

— Sa bière... non... je me trompe — reprit Morok — c'est leur bière qu'il faut dire,... car, le temps pressant, on a mis l'enfant avec la mère dans le même cercueil.

— Une femme... s'écria la *Folie* en s'adressant au garçon... — c'est une femme qui est morte ?

— Oui, madame, une pauvre jeune femme de vingt ans — répondit tristement le garçon ; — sa petite fille qu'elle nourrissait est morte un peu après elle :... tout cela en moins de deux heures... Le patron est bien fâché à cause du trouble que ça peut mettre dans votre repas... Mais il ne pouvait pas prévoir ce malheur, car hier matin cette jeune femme n'était pas du tout malade ; au contraire, elle chantait à pleine voix : il n'y avait personne de plus gai qu'elle.

A ces mots on eût dit qu'un crêpe funèbre s'étendait tout à coup sur cette scène naguère si joyeuse; toutes ces faces rubicondes et épanouies se contristèrent subitement; personne n'eut le courage de plaisanter sur cette mère et son enfant que l'on clouait dans le même cercueil.

Le silence devint si profond que l'on entendait quelques respirations oppressées par la terreur : les derniers coups de marteau semblèrent douloureusement retentir dans tous les cœurs; on eût dit que tant de sentiments tristes et pénibles, jusqu'alors refoulés, allaient remplacer cette animation, cette gaieté plus factices que sincères.

Le moment était décisif. Il fallait à l'instant même frapper un grand coup, remonter l'esprit des convives, qui commençait à se démoraliser; car plusieurs jolies figures roses pâlissaient déjà, quelques oreilles écarlates devenaient subitement blanches : celles de Nini-Moulin étaient du nombre.

Couche-tout-Nu, au contraire, redoublait d'audace et d'entrain ; redressant sa taille voûtée par l'épuisement, le visage légèrement coloré, il s'écria :

— Eh bien, garçon ! et ces bouteilles d'eau-de-vie, mordieu ! et ce punch ? Par le diable, est-ce donc aux morts à faire trembler les vivants !

— Il a raison, arrière la tristesse, oui, oui, le punch ! — crièrent plusieurs convives qui sentaient le besoin de se rassurer.

— En avant le punch...

— Nargue le chagrin...

— Vive la joie !

— Messieurs, voilà le punch — dit un garçon en ouvrant la porte.

A la vue du flamboyant breuvage qui devait ranimer les esprits affaiblis, des bravos frénétiques se firent entendre.

Le soleil venait de se coucher, le salon de cent couverts où se donnait le festin était profond, les fenêtres rares, étroites et à demi voilées de rideaux de cotonnade rouge. Et quoiqu'il ne fît pas encore nuit, la partie la plus reculée de cette vaste salle était presque plongée dans l'obscurité : deux garçons apportèrent le punch-monstre au moyen d'une barre de fer passée dans l'anse d'une immense bassine de cuivre brillante comme de l'or et couronnée de flammes aux couleurs changeantes. Le brûlant breuvage fut placé sur la table à la grande joie des convives, qui commençaient à oublier leurs alarmes passées.

— Maintenant — dit Couche-tout-Nu à Morok d'un ton de défi — en attendant que le punch ait brûlé,... en avant notre duel; la galerie jugera.

Puis montrant à son adversaire les deux bouteilles d'eau-de-vie apportées par le garçon, Jacques ajouta :

— Choisis les armes.

— Choisis toi-même — répondit Morok.

— Eh bien !... voilà ta fiole... et ton verre... Nini-Moulin jugera les coups.

— Je ne refuse pas d'être juge du champ-clos — répondit l'écrivain religieux ; — seulement je dois vous prévenir que vous jouez gros jeu, mon camarade... et que, dans ce temps-ci... comme l'a dit un de ces messieurs, s'introduire le goulot d'une bouteille d'eau-de-vie entre les dents est peut-être encore plus dangereux que de s'y insinuer le canon d'un pistolet chargé, et...

— Commandez le feu, mon vieux — dit Jacques en interrompant Nini-Moulin — ou je le commande moi-même.

— Puisque vous le voulez... soit.

— Le premier qui renonce est vaincu — dit Jacques.

— C'est convenu — répondit Morok.

— Allons, messieurs, attention... et jugeons les *coups*, c'est le cas de le dire — reprit Nini-Moulin ; — mais voyons d'abord si les bouteilles sont pareilles :... avant tout l'égalité des armes.

Pendant ces préparatifs, un profond silence régnait dans la salle.

Le moral de la plupart des assistants, un moment remonté par l'arrivée du punch, retombait de nouveau sous le poids de tristes préoccupations ; on pressentait vaguement le danger du défi porté par Morok à Jacques.

Cette impression, jointe aux sinistres pensées éveillées par l'incident du cercueil, assombrissait plus ou moins les physionomies. Cependant, plusieurs convives faisaient encore bonne contenance; mais leur gaieté paraissait forcée.

Certaines circonstances données, les plus petites choses ont souvent des effets assez puissants.

Nous l'avons dit, après le coucher du soleil, l'obscurité avait envahi une partie de cette grande salle; aussi les convives placés à son extrémité la plus reculée ne furent bientôt plus éclairés que par la clarté du punch, qui flambait toujours. Cette flamme spiritueuse, on le sait, jette sur les visages une teinte livide... bleuâtre; c'était donc un spectacle étrange, presque effrayant, que de voir, selon qu'ils étaient plus éloignés des fenêtres, un grand nombre de convives seulement éclairés par ces reflets fantastiques.

Le peintre, plus frappé que personne de cet *effet* de coloris, s'écria :

— Regardons-nous donc, nous autres du bout de la table, on dirait que nous festoyons entre cholériques, tant nous voilà verdelets et bleuets.

Cette plaisanterie fut médiocrement goûtée. Heureusement la voix retentissante de Nini-Moulin, qui réclamait l'attention, vint un moment distraire l'assemblée.

— Le champ-clos est ouvert — cria l'écrivain religieux plus sincèrement inquiet et effrayé qu'il ne le laissait paraître.

— Êtes-vous prêts, braves champions ? — ajouta-t-il.

— Nous sommes prêts — dirent Morok et Jacques.

— Joue... feu... — cria Nini-Moulin en frappant dans ses mains.

Les deux buveurs vidèrent chacun d'un trait un verre ordinaire rempli d'eau-de-vie.

Morok ne sourcilla pas, sa face de marbre resta impassible ; il replaça d'une main ferme son verre sur la table.

Mais Jacques, en déposant son verre, ne put cacher un léger tremblement convulsif causé par une souffrance intérieure.

— Voici qui est bravement bu... — cria Nini-Moulin — avaler d'un seul trait le quart d'une bouteille d'eau-de-vie, c'est triomphant!... Personne ici ne serait capable d'une telle prouesse... et si vous m'en croyez, dignes champions, vous en resterez là.

— Commandez le feu! — reprit intrépidement Couche-tout-Nu.

Et de sa main fiévreuse et agitée, il saisit la bouteille ;... mais soudain, au lieu de verser dans son verre, il dit à Morok :

— Bah! plus de verre ;... à la régalade... c'est plus crâne... oseras-tu?

Pour toute réponse Morok porta le goulot de la bouteille à ses lèvres en haussant les épaules.

Jacques se hâta de l'imiter.

Le verre jaunâtre, mince et transparent des bouteilles, permettait de parfaitement suivre la diminution progressive du liquide.

Le visage pétrifié de Morok et la pâle et maigre figure de Jacques, déjà sillonnée de grosses gouttes de sueur froide, étaient alors, ainsi que les traits des autres convives, éclairés par la lueur bleuâtre du punch ; tous les yeux étaient attachés sur Morok et sur Jacques

COGNAC A LA RESCOUSSE.

avec cette curiosité barbare qu'inspirent involontairement les spectacles cruels.

Jacques buvait en tenant la bouteille de sa main gauche, soudain il ferma et serra les doigts de la main droite par un mouvement de crispation involontaire ; ses cheveux se collèrent à son front glacé, et pendant une seconde sa physionomie révéla une douleur aiguë : pourtant il continua de boire ; seulement, ayant toujours ses lèvres attachées au goulot de la bouteille, il l'abaissa un instant comme s'il eût voulu reprendre haleine.

Jacques rencontra le regard sardonique de Morok, qui continuait de boire avec son impassibilité accoutumée.

Croyant lire l'expression d'un triomphe insultant dans le coup d'œil de Morok, Jacques releva brusquement le coude et but encore avidement quelques gorgées...

Ses forces étaient à bout, un feu inextinguible lui dévorait la poitrine, la souffrance était trop atroce ;... il ne put y résister ;... sa tête se renversa... ses mâchoires se serrèrent convulsivement, il brisa le goulot de la bouteille entre ses dents, son cou se roidit...

des soubresauts spasmodiques tordirent ses membres, et il perdit presque connaissance.

— Jacques... mon garçon... ce n'est rien— s'écria Morok, dont le regard féroce étincelait d'une joie diabolique.

Puis, remettant sa bouteille sur la table, il se leva pour venir en aide à Nini-Moulin, qui tâchait en vain de contenir Couche-tout-Nu.

Cette crise subite n'offrait aucun symptôme de choléra ; cependant, une terreur subite s'empara des assistants, une des femmes eut une violente attaque de nerfs, une autre s'évanouit en poussant des cris perçants.

Nini-Moulin, laissant Jacques aux mains de Morok, courait à la porte pour demander du secours, lorsque cette porte s'ouvrit soudainement.

L'écrivain religieux recula stupéfait à la vue du personnage inattendu qui s'offrait à ses yeux.

CHAPITRE V.

SOUVENIRS.

La personne devant laquelle Nini-Moulin s'était arrêté avec un si grand étonnement était la reine Bacchanal.

Hâve, le teint pâle, les cheveux en désordre, les joues creuses, les yeux renfoncés, vêtue presque de haillons, cette brillante et joyeuse héroïne de tant de folles orgies n'était plus que l'ombre d'elle-même; la misère, la douleur avaient flétri ces traits autrefois charmants.

A peine entrée dans la salle, Céphyse s'arrêta; son regard sombre et inquiet tâchait de pénétrer à travers la demi-obscurité de la salle, afin d'y trouver celui qu'elle cherchait... Soudain la jeune fille tressaillit et poussa un grand cri...

Elle venait d'apercevoir, de l'autre côté de la longue table, à la clarté bleuâtre du punch, Jacques, dont Morok et un des convives pouvaient à peine contenir les mouvements convulsifs.

A cette vue, Céphyse, dans un premier mouvement d'effroi, emportée par son affection, fit ce qu'autrefois elle avait si souvent fait dans l'ivresse de la joie et du plaisir. Agile et preste, au lieu de perdre à un long détour un temps précieux, elle sauta sur la table, passa légèrement à travers les bouteilles, les assiettes, et d'un bond fut auprès de Couche-tout-Nu.

— Jacques — s'écria-t-elle sans remarquer encore le dompteur de bêtes et en se jetant au cou de son amant — Jacques! c'est moi... Céphyse...

Cette voix si connue, ce cri déchirant parti de l'âme parut être entendu de Couche-tout-

Nu ; il tourna machinalement la tête du côté de la reine Bacchanal, sans ouvrir les yeux, et poussa un profond soupir ; bientôt ses membres roidis s'assouplirent, un léger tremblement remplaça les convulsions ; et au bout de quelques instants ses lourdes paupières, péniblement relevées, laissèrent voir son regard vague et éteint.

Muets et surpris, les spectateurs de cette scène éprouvaient une curiosité inquiète.

Céphyse, agenouillée devant son amant, couvrait ses mains de larmes, de baisers, et s'écriait d'une voix entrecoupée de sanglots :

— Jacques... c'est moi... Céphyse... Je te retrouve... Ce n'est pas ma faute, si je t'ai abandonné... Pardonne-moi...

— Malheureuse ! s'écria Morok irrité de cette rencontre peut-être funeste à ses projets — vous voulez donc le tuer !... dans l'état où il se trouve, ce saisissement lui sera fatal ;.. retirez-vous !

Et il prit rudement Céphyse par le bras, pendant que Jacques, semblant sortir d'un rêve pénible, commençait à distinguer ce qui se passait autour de lui.

— Vous... c'est vous — s'écria la reine Bacchanal avec stupeur en reconnaissant Morok — vous qui m'avez séparé de Jacques....

Elle s'interrompit, car le regard voilé de Couche-tout-Nu, s'arrêtant sur elle, avait paru se ranimer.

— Céphyse... c'est toi... — murmura Jacques.

— Oui, c'est moi... — ajouta-t-elle d'une voix profondément émue — c'est moi... je viens... je vais te dire...

Elle ne put continuer, joignit ses deux mains avec force, et sur son visage pâle, défait, inondé de larmes, on put lire l'étonnement désespéré que lui causait l'altération mortelle des traits de Jacques.

Il comprit la cause de cette surprise, en contemplant à son tour la figure souffrante et amaigrie de Céphyse; il lui dit :

— Pauvre fille... tu as donc eu aussi bien du chagrin... bien de la misère... je ne te reconnaissais pas.. non plus... moi.

— Oui — dit Céphyse — bien du chagrin... bien de la misère.. et pis que de la misère — ajouta-t-elle en frémissant pendant qu'une vive rougeur colorait ses traits pâles.

— Pis que la misère !... — dit Jacques étonné.

— Mais c'est toi... c'est toi... qui as souffert... — se hâta de dire Céphyse sans répondre à son amant.

— Moi... tout à l'heure, j'étais en train d'en finir... Tu m'as appelé... Je suis revenu pour un instant, car... ce que je ressens là — et il mit sa main à sa poitrine — ne pardonne pas. Mais c'est égal... maintenant... je t'ai vue... je mourrai content.

— Tu ne mourras pas,... Jacques,... me voici...

— Écoute, ma fille,... j'aurais là, vois-tu,... dans l'estomac,... un boisseau de charbons ardents, que ça ne me brûlerait pas davantage... Voilà plus d'un mois que je me sens consumer à petit feu. — Du reste, c'est monsieur... — Et d'un signe de tête il désigna Morok — c'est ce cher ami... qui s'est toujours chargé d'attiser le feu... Après ça... je ne regrette pas la vie... J'ai perdu l'habitude du travail et pris celle... de l'orgie... Je finirais par être un mauvais gueux ; j'aime mieux laisser mon ami s'amuser à m'allumer un brasier dans la poitrine... Depuis ce que je viens de boire tout à l'heure, je suis sûr que ça y flambe comme le punch que voilà...

— Tu es un fou et un ingrat — dit Morok en haussant les épaules — tu as tendu ton verre, et j'ai versé... Et pardieu, nous trinquerons encore long-temps et souvent ensemble.

Depuis quelques moments Céphyse ne quittait pas Morok du regard.

— Je dis que depuis long-temps tu souffles le feu où j'aurai brûlé ma peau — reprit Jacques d'une voix faible en s'adressant à Morok — pour que l'on ne pense pas que je meurs du choléra... On croirait que j'ai eu peur de mon rôle. Ça n'est donc pas un reproche que je te fais, mon tendre ami — ajouta-t-il avec un sourire sardonique — tu as gaiement creusé ma fosse... Quelquefois, il est vrai..., voyant ce grand trou noir où j'allais tomber, je reculais d'un pas... Mais toi, tendre ami, tu me poussais rudement sur la pente en me disant : « Va donc... farceur... va donc... » et j'allais, oui... et me voici arrivé...

Ce disant, Couche-tout-Nu éclata d'un rire strident qui glaça l'auditoire de plus en plus ému de cette scène.

— Mon garçon — dit froidement Morok — écoute-moi, suis mon conseil et...

— Merci,... je les connais, tes conseils,... et, au lieu de t'écouter..., j'aime mieux parler à ma pauvre Céphyse :... avant de descendre chez les taupes, je lui dirai... ce que j'ai sur le cœur.

— Jacques, tais-toi, tu ne sais pas le mal que tu me fais — reprit Céphyse — je te dis que tu ne mourras pas.

— Alors, ma brave Céphyse,... c'est à toi que je devrai mon salut — dit Jacques d'un ton grave et pénétré qui surprit profondément les spectateurs. — Oui — reprit Couche-tout-Nu — lorsque, revenu à moi,... je t'ai vue si pauvrement vêtue... j'ai senti quelque chose de bon au cœur ; sais-tu pourquoi ?... C'est que je me suis dit : — Pauvre fille !... elle m'a tenu courageusement parole, elle a mieux aimé travailler, souffrir, se priver... que de prendre un autre amant qui lui aurait donné... ce que je lui ai donné, moi,... tant que je l'ai pu ;... et cette pensée-là, vois-tu... Céphyse, m'a rafraîchi l'âme... j'en avais besoin... car je brûlais... et je brûle encore — ajouta-t-il les poings crispés par la douleur — enfin, j'ai été heureux, ça m'a fait du bien, aussi,... merci,... ma brave et bonne Céphyse ;... oui, tu as été bonne et brave ;... tu as eu raison... car je n'ai jamais aimé que toi au monde... et si, dans mon abrutissement, j'avais une pensée qui me sortît un peu de la fange... qui me fît regretter de n'être pas meilleur... cette pensée-là me venait toujours à propos de toi ;... merci donc, ma pauvre amie — dit Jacques, dont les yeux ardents et secs devinrent humides — merci, encore — et il tendit sa main déjà froide à Céphyse ; — si je meurs... je mourrai content... si je vis... je vivrai heureux aussi ;... ta main... ma brave Céphyse, ta main... tu as agi en honnête et loyale créature...

Au lieu de prendre la main que Jacques lui tendait, Céphyse, toujours agenouillée, courba la tête et n'osa pas lever les yeux sur son amant.

— Tu ne me réponds pas — dit celui-ci en se penchant vers la jeune fille ; — tu ne prends pas ma main,... pourquoi cela ?

La malheureuse créature ne répondit que par des sanglots étouffés ; écrasée de honte, elle se tenait dans une attitude si humble, si suppliante, que son front touchait presque les pieds de son amant.

Jacques, stupéfait du silence et de la conduite de la reine Bacchanal, la regardait avec une surprise croissante ; soudain, les traits de plus en plus altérés, les lèvres tremblantes, il dit presque en balbutiant:

— Céphyse... je te connais... si tu ne prends pas ma main,... c'est que... — Puis, la voix lui manquant, il ajouta sourdement, après un instant de silence : — Quand, il y a six semaines, on m'a emmené en prison, tu m'as dit : Jacques, je te le jure sur ma vie... je travaillerai, je vivrai s'il le faut dans une

misère horrible,... mais je vivrai honnête...
Voilà ce que tu m'as promis... Maintenant,
je le sais, tu n'as jamais menti,... dis-moi
que tu as tenu ta parole... et je te croirai...

Céphyse ne répondit que par un sanglot
déchirant en serrant les genoux de Jacques
contre sa poitrine haletante.

Contradiction bizarre et plus commune
qu'on ne le pense... cet homme, abruti par
l'ivresse et par la débauche, cet homme qui,
depuis sa sortie de prison, avait, d'orgie en
orgie, brutalement cédé à toutes les meurtrières incitations de Morok, cet homme ressentait pourtant un coup affreux en apprenant, par le muet aveu de Céphyse, l'infidélité
de cette créature qu'il avait aimée malgré
la dégradation dont elle ne s'était pas d'ailleurs cachée.

Le premier mouvement de Jacques fut
terrible : malgré son accablement et sa faiblesse, il parvint à se lever debout; alors, le
visage contracté par la rage et par le désespoir, il saisit un couteau avant qu'on eût pu
s'y opposer, et le leva sur Céphyse.

Mais au moment de la frapper , reculant devant un meurtre, il jeta le couteau loin de lui , et retomba défaillant sur son siége la figure cachée entre ses deux mains.

Au cri de Nini-Moulin, qui s'était tardivement précipité sur Jacques pour lui enlever le couteau , Céphyse releva la tête ; le douloureux abattement de Couche-tout-Nu lui brisa le cœur , elle se releva et se jetant à son cou , malgré sa résistance , elle s'écria d'une voix entrecoupée de sanglots :

— Jacques... si tu savais... mon Dieu !... si tu savais... écoute... ne me condamne pas sans m'entendre... je vais te dire tout... je te le jure , tout... sans mentir ,... cet homme (elle montra Morok) n'osera pas nier... il est venu... il m'a dit : « Ayez le courage de... »

— Je ne te fais pas de reproches... je n'en ai pas le droit... laisse-moi mourir en repos... je... ne demande plus que ça... maintenant — dit Jacques d'une voix de plus en plus affaiblie en repoussant Céphyse. — Puis il ajouta avec un sourire navrant et amer : — Heureusement... j'ai mon compte ;... je sa vais... bien... ce que je faisais... en acceptant... le duel... au cognac.

— Non... tu ne mourras pas, et tu m'entendras — s'écria Céphyse d'un air égaré — tu m'entendras... et tout le monde aussi m'entendra;... on verra si c'est de ma faute. N'est-ce pas... messieurs... si je mérite pitié... vous prierez Jacques de me pardonner ;... car enfin... si, poussée par la misère... ne trouvant pas de travail, j'ai été forcée de me vendre... non pour du luxe, vous voyez mes haillons... mais pour avoir du pain et procurer un abri à ma pauvre sœur malade... mourante, et encore plus misérable que moi... il y aurait pourtant à cause de cela de quoi avoir pitié de moi... car on dirait que c'est pour son plaisir qu'on se vend — s'écria la malheureuse avec un éclat de rire effrayant; — puis elle ajouta d'une voix basse avec un frémissement d'horreur : — Oh! si tu savais... Jacques... cela est si infâme, si horrible, vois-tu, de se vendre ainsi... que j'ai mieux aimé la mort que de recommencer une seconde fois. J'allais me tuer... quand j'ai appris que tu étais ici. — Puis, voyant Jacques, qui, sans lui répondre, secouait tristement la tête en s'affaissant sur lui-même, quoique soutenu par Nini-Moulin, Céphyse s'écria en joignant vers lui ses mains suppliantes :

— Jacques! un mot, un seul mot de pitié... de pardon !

— Messieurs, de grâce, chassez cette femme — s'écria Morok — sa vue cause une émotion trop pénible à mon ami.

— Voyons, ma chère enfant, soyez raisonnable — dirent plusieurs convives, profondément émus, en tâchant d'entraîner Céphyse; — laissez-le... venez avec nous, il n'y a pas de danger pour lui...

— Messieurs, oh! messieurs — s'écria la misérable créature en fondant en larmes et en levant des mains suppliantes — écoutez-moi, laissez-moi vous dire... je ferai ce que vous voudrez... je m'en irai ;... mais, au nom du ciel, envoyez chercher des secours, ne le laissez pas mourir ainsi. Mais regardez donc... mon Dieu ! il souffre des douleurs atroces ;... ses convulsions sont horribles.

— Elle a raison — dit un des convives en

courant vers la porte — il faudrait envoyer chercher un médecin.

— On ne trouvera pas de médecins maintenant — dit un autre — ils sont trop occupés.

— Faisons mieux que cela — reprit un troisième — l'Hôtel-Dieu est en face, transportons-y ce pauvre garçon ; on lui donnera les premiers secours : une rallonge de la table servira de brancard et la nappe servira de drap.

— Oui, oui, c'est cela — dirent plusieurs voix — transportons-le et quittons la maison.

Jacques, corrodé par l'eau-de-vie, bouleversé par son entrevue avec Céphyse, était retombé dans une violente crise nerveuse.

C'était l'agonie de ce malheureux... Il fallut l'attacher au moyen des longs bouts de la nappe, afin de l'étendre sur la rallonge qui devait servir de brancard, et que deux des convives s'empressèrent d'emporter.

On céda aux supplications de Céphyse, qui avait demandé, comme grâce dernière, d'accompagner Jacques jusqu'à l'hospice.

Lorsque ce sinistre convoi quitta la grande

salle du restaurateur, ce fut un sauve-qui-peut général parmi les convives; hommes et femmes s'empressaient de s'envelopper de leurs manteaux afin de cacher leurs costumes. Les voitures que l'on avait demandées en assez grand nombre pour le retour de la mascarade, se trouvaient heureusement déjà arrivées. Le défi avait été jusqu'au bout. L'audacieuse bravade accomplie, on pouvait donc se retirer avec les honneurs de la guerre. Au moment où une partie des assistants se trouvaient encore dans la salle, une clameur d'abord lointaine, mais qui bientôt se rapprocha, éclata sur le parvis Notre-Dame avec une furie incroyable.

Jacques avait été descendu jusqu'à la porte extérieure de la taverne; Morok et Nini-Moulin, tâchant de se frayer un passage à travers la foule afin d'arriver jusqu'à l'Hôtel-Dieu, précédaient le brancard improvisé.

Bientôt un violent reflux de la foule les força de s'arrêter, et un redoublement de clameurs sauvages retentit à l'autre extrémité de la place, à l'angle de l'église.

— Qu'y a-t-il donc? — demanda Nini-Moulin à un homme à figure ignoble qui sautait devant lui. — Quels sont ces cris?

— C'est encore un empoisonneur que l'on écharpe comme celui dont on vient de jeter le corps à l'eau... — reprit l'homme. — Si vous voulez JOUIR, suivez-moi — ajouta-t-il — et jouez des coudes... sans cela nous arriverons *trop tard*...

A peine ce misérable avait-il prononcé ces mots, qu'un cri affreux retentit au-dessus du bruissement de la foule que traversaient à grand' peine les porteurs du brancard de Couche-tout-Nu précédés de Morok. Céphyse avait jeté cette clameur déchirante... Jacques, l'un des sept héritiers de la famille Rennepont, venait d'expirer entre ses bras...

Rapprochement fatal... au moment même de l'exclamation désespérée de Céphyse, qui annonçait la mort de Jacques... un autre cri s'éleva de l'endroit du parvis Notre-Dame où l'on mettait à mort un empoisonneur...

Ce cri lointain, suppliant, et tout palpitant d'une horrible épouvante, comme le dernier appel d'un homme qui se débat sous les coups de ses meurtriers, vint glacer Morok au milieu de son exécrable triomphe.

— Enfer!!! — s'écria cet habile assassin, qui avait pris pour armes homicides, mais légales, l'ivresse et l'orgie — enfer!... c'est la voix de l'abbé d'Aigrigny que l'on massacre!!!

CHAPITRE VI.

L'EMPOISONNEUR.

Quelques lignes rétrospectives sont nécessaires pour arriver au récit des événements relatifs au P. d'Aigrigny, dont le cri de détresse avait si vivement impressionné Morok, au moment même où Jacques Rennepont venait de mourir.

Les scènes que nous allons dépeindre sont atroces... S'il nous était permis d'espérer qu'elles eussent jamais leur enseignement, cet effrayant tableau tendrait, par l'horreur même qu'il inspirera peut-être, à prévenir ces excès d'une monstrueuse barbarie aux quels se porte parfois la multitude ignorante et aveugle, lorsque, imbue des erreurs les plus funestes, elle se laisse égarer par des meneurs d'une férocité stupide.

Nous l'avons dit, les bruits les plus absurdes, les plus alarmants, circulaient dans Paris; non-seulement on parlait de l'empoisonnement des malades et des fontaines publiques, mais on disait encore que des misérables avaient été surpris jetant de l'arsenic dans les brocs que les marchands de vins conservent ordinairement tout prêts et tout remplis sur leurs comptoirs.

Goliath devait venir retrouver Morok après avoir rempli un message auprès du P. d'Aigrigny, qui l'attendait dans une maison de la place de l'Archevêché.

Goliath était entré chez un marchand de vins de la rue de la Calandre, pour se rafraîchir; après avoir bu deux verres de vin, il les paya.

Pendant que la cabaretière cherchait la monnaie qu'elle devait lui rendre, Goliath appuya machinalement et très-innocemment sa main sur l'orifice d'un broc placé à sa portée.

La grande taille de cet homme, sa figure repoussante, sa physionomie sauvage avaient déjà inquiété la cabaretière, prévenue et alarmée par la rumeur publique au sujet des empoisonneurs ; mais lorsqu'elle vit Goliath poser sa main sur l'orifice de l'un de ses brocs, effrayée elle s'écria :

— Ah ! mon Dieu ! vous venez de jeter quelque chose dans ce broc !

A ces mots prononcés très-haut avec un accent de frayeur, deux ou trois buveurs attablés dans le cabaret se levèrent brusquement, coururent au comptoir, et l'un d'eux s'écria étourdiment :

— C'est un empoisonneur...

Goliath, ignorant les bruits sinistres répandus dans le quartier, ne comprit pas d'abord ce dont on l'accusait. Les buveurs élevèrent de plus en plus la voix en l'interpellant ; lui, confiant dans sa force, haussa les épaules avec dédain et demanda grossièrement la monnaie que la marchande, pâle et épouvantée, ne songeait pas à lui rendre...

— Brigand !... — s'écria l'un des buveurs avec tant de violence que plusieurs passants s'arrêtèrent — on te rendra ta monnaie quand tu auras dit ce que tu as jeté dans ce broc !

— Comment ! il a jeté quelque chose dans un broc ? — dit un passant.

— C'est peut-être un empoisonneur — reprit un autre.

— Il faudrait alors l'arrêter... — ajouta un troisième.

— Oui, oui, dirent les buveurs, honnêtes gens peut-être, mais subissant l'influence de la panique générale ; — oui, il faut l'arrêter... on l'a surpris jetant du poison dans l'un des brocs du comptoir.

Ces mots : *c'est un empoisonneur !* circulèrent aussitôt dans le groupe qui, d'abord formé de trois ou quatre personnes, grossissait à chaque instant à la porte du marchand de vins ; de sourdes et menaçantes clameurs commencèrent à s'élever ; le buveur accusateur, voyant ainsi ses craintes partagées et presque justifiées, crut faire acte de bon et courageux citoyen, en prenant Goliath au collet en lui disant :

— Viens t'expliquer au corps-de-garde, brigand.

Le géant, déjà fort irrité des injures dont il ignorait le véritable sens, fut exaspéré par cette brusque attaque ; cédant à sa brutalité naturelle, il renversa son adversaire sur le comptoir et l'assomma à coups de poing.

Pendant cette collision, plusieurs bouteilles et deux ou trois carreaux furent brisés avec fracas, tandis que la cabaretière, de plus en plus effrayée, criait de toutes ses forces :

— Au secours !... à l'empoisonneur !... à l'assassin !... à la garde !...

Au bruit retentissant des vitres cassées, à ces cris de détresse, les passants, attroupés, dont un grand nombre croyaient aux empoisonneurs, se précipitèrent dans la boutique pour aider les buveurs à s'emparer de Goliath. Grâce à sa force herculéenne, celui-ci, après quelques moments de lutte contre sept ou huit personnes, terrassa deux des assaillants les plus furieux, écarta les autres, se rapprocha du comptoir, et, prenant un élan vigoureux, se rua, le front baissé, comme un taureau de combat, sur la foule qui obstruait la porte ; puis, achevant cette trouée en s'aidant de ses énormes épaules et de ses bras d'athlète, il se fraya un passage à travers l'attroupement, et prit sa course à toutes jambes du côté du parvis Notre-Dame, ses vêtements déchirés, la tête nue et la figure pâle et courroucée.

Aussitôt un grand nombre des personnes qui composaient l'attroupement se mirent à la poursuite de Goliath, et cent voix crièrent:

— Arrêtez... arrêtez l'empoisonneur !

Entendant ces cris, voyant accourir un homme à l'air sinistre et égaré, un garçon boucher, qui passait et portait sur sa tête une grande manne vide, jeta ce panier entre les jambes de Goliath ; celui-ci, surpris par cet obstacle, fit un faux pas et tomba... le garçon boucher croyant faire une action aussi héroïque que s'il se fût jeté à la rencontre d'un chien enragé, se précipita sur Goliath et se roula avec lui sur le pavé en criant :

— Au secours ! c'est un empoisonneur...
au secours !

Cette scène se passait à peu de distance de la cathédrale, mais assez loin de la foule qui se pressait à la porte de l'Hôtel-Dieu, et de la maison du restaurateur où était entrée la mascarade du Choléra (ceci avait lieu à la tombée du jour) ; aux cris perçants du boucher, plusieurs groupes, à la tête desquels se trouvaient Ciboule et le carrier, coururent vers le lieu de la lutte, pendant que les passants qui poursuivaient le prétendu empoisonneur depuis la rue de la Calandre, arrivaient de leur côté sur le Parvis.

A l'aspect de cette foule menaçante qui venait à lui, Goliath, tout en continuant de se défendre contre le garçon boucher qui le combattait avec la ténacité d'un bull-dog, sentit qu'il était perdu, s'il ne se débarrassait d'abord de cet adversaire ; d'un coup de poing furieux il cassa la mâchoire du boucher, qui à ce moment avait le dessus, parvint à se dégager de ses étreintes, se releva, et encore étourdi fit quelques pas en avant.

Soudain il s'arrêta.

Il se voyait cerné.

Derrière lui s'élevaient les murailles de la cathédrale ; à droite, à gauche, en face de lui, accourait une multitude hostile.

Les cris de douleur atroces poussés par le boucher, que l'on venait de relever tout sanglant, augmentaient encore le courroux populaire.

Il y eut pour Goliath un moment terrible ;... ce fut celui où, seul encore, au milieu d'un espace qui se rétrécissait de seconde en seconde, il vit de toutes parts des ennemis courroucés se précipitant vers lui en poussant des cris de mort.

Ainsi qu'un sanglier tourne une ou deux fois sur lui-même avant de se décider à faire tête à la meute acharnée, Goliath, hébété par la terreur, fit çà et là quelques pas brusques, indécis ; puis renonçant à une fuite impossible, l'instinct lui disant qu'il n'avait à attendre ni merci ni pitié d'une foule en proie à une fureur aveugle et sourde, fureur d'autant plus impitoyable qu'elle se croit légitime, Goliath voulut du moins vendre chèrement sa vie ; il chercha son couteau dans sa poche ; ne l'y trouvant pas, il s'arcbouta sur sa jambe gauche dans une pose athlétique, tendit en avant et à demi dépliés ses deux bras musculeux, durs et roides comme deux barres de fer, et de pied ferme il attendit vaillamment le choc.

La première personne qui arriva auprès de Goliath, fut Ciboule.

La mégère essoufflée, au lieu de se précipiter sur lui, s'arrêta, se baissa, prit un des gros sabots qu'elle portait et le lança à la tête du géant avec tant de vigueur, tant d'adresse, qu'elle l'atteignit en plein dans l'œil, qui, sanglant, sortit à demi de l'orbite.

Goliath porta les deux mains à son visage en poussant un cri de douleur atroce.

— Je l'ai fait loucher — dit Ciboule en éclatant de rire.

Goliath, rendu furieux par la souffrance, au lieu d'attendre les premiers coups que l'on hésitait encore à lui porter, tant son apparence de force herculéenne, imposait aux assaillants (le carrier, adversaire digne de lui, ayant été repoussé par un mouvement de la foule), Goliath, dans sa rage, se précipita sur le groupe qui se trouvait à sa portée.

Une pareille lutte était trop inégale pour durer long-temps ; mais le désespoir doublant les forces du géant, le combat fut un moment terrible.

Le malheureux ne tomba pas tout d'abord... Pendant quelques secondes, disparaissant presque entièrement sous un essaim d'assaillants acharnés, on vit tantôt un de ses bras d'Hercule se lever dans le vide et retomber en martelant des crânes et des visages, tantôt sa tête énorme, livide et sanglante, était renversée en arrière par un combattant cramponné à sa chevelure crépue. Çà et là les brusques écarts, les violentes oscillations de la foule témoignaient de l'incroyable énergie de la défense de Goliath. Pourtant le carrier étant parvenu à le joindre, Goliath fut renversé.

Une longue clameur de joie féroce annonça cette chute, car, en pareille circonstance, tomber... c'est mourir.

Aussi mille voix haletantes et courroucées répétèrent ce cri :

— Mort à l'empoisonneur !

Alors commença une de ces scènes de massacre et de torture dignes des cannibales, horribles excès, d'autant plus incroyables qu'ils ont toujours pour témoins passifs ou même pour complices, des gens souvent honnêtes, humains, mais qui, égarés par des croyances ou par des préjugés stupides, se laissent entraîner à toutes sortes de barbaries, croyant accomplir un acte d'inexorable justice.

Ainsi que cela arrive, la vue du sang qui coulait à flot des plaies de Goliath enivra ses assaillants, redoubla leur rage.

Cent bras s'appesantirent sur ce misérable; on le foula aux pieds; on lui écrasa le visage; on lui défonça la poitrine. Çà et là, au milieu de ces cris furieux : — A mort l'empoisonneur ! — on entendait de grands coups sourds suivis de gémissements étouffés ; c'était une effroyable curée : chacun, cédant à un vertige sanguinaire, voulait frapper son coup, arracher son lambeau de chair; des femmes... oui, jusqu'à des femmes, jusqu'à des mères...

s'acharnèrent avec rage sur ce corps mutilé.

Il y eut un moment de terreur épouvantable.

Goliath, le visage meurtri, souillé de boue, ses vêtements en lambeaux, la poitrine nue,... rouge,... ouverte,... Goliath, profitant d'un instant de lassitude de ses bourreaux qui le croyaient achevé, parvint, par un de ces soubresauts convulsifs fréquents dans l'agonie, à se dresser sur ses jambes pendant quelques secondes; alors, aveuglé par ses blessures, agitant ses bras dans le vide comme pour parer des coups qu'on ne lui portait pas, il murmura ces mots qui sortirent de sa bouche avec des flots de sang :

— Grâce.... je n'ai pas empoisonné.... grâce.

Cette sorte de résurrection produisit un effet si saisissant sur la foule, qu'un instant elle se recula avec effroi; les clameurs cessèrent, on laissa un peu d'espace autour de la victime;... quelques cœurs commençaient même à s'apitoyer, lorsque le carrier, voyant Goliath, aveuglé par le sang, étendre devant lui ses mains çà et là, fit une allusion féroce à un jeu connu et s'écria :

— Casse-cou !

Puis d'un violent coup de pied dans le ventre il renversa de nouveau la victime, dont la tête rebondit deux fois sur le pavé...

Au moment où le géant tomba, une voix, dans la foule, s'écria :

— C'est Goliath !... Arrêtez... ce malheureux est innocent.

Et le P. d'Aigrigny (c'était lui), cédant à un sentiment généreux, fit de violents efforts pour arriver au premier rang des acteurs de cette scène, y parvint, et alors, pâle, indigné, menaçant, il s'écria :

— Vous êtes des lâches, des assassins ! Cet homme est innocent, je le connais ;... vous répondrez de sa vie...

Une grande rumeur accueillit ces paroles véhémentes du P. d'Aigrigny.

— Tu connais cet empoisonneur — s'écria le carrier en saisissant le jésuite au collet — tu es peut-être aussi un empoisonneur.

— Misérable — s'écria le P. d'Aigrigny,

en tâchant d'échapper aux étreintes du carrier — tu oses porter la main sur moi?

— Oui,... j'ose tout! moi... — répondit le carrier.

— Il le connaît,... ça doit être un empoisonneur... comme l'autre!

Criait-on déjà dans la foule qui se pressait autour des deux adversaires, pendant que Goliath, qui, dans sa chute, s'était ouvert le crâne, faisait entendre un râle agonisant.

A un brusque mouvement du P. d'Aigrigny, qui s'était débarrassé du carrier, un assez grand flacon de cristal, très-épais, d'une forme particulière et rempli d'une liqueur verdâtre, tomba de sa poche et roula près du corps de Goliath.

A la vue de ce flacon, plusieurs voix s'écrièrent:

— C'est du poison... voyez-vous... il a du poison sur lui.

A cette accusation, les cris redoublèrent; et l'on commença de serrer l'abbé d'Aigrigny de si près, qu'il s'écria:

— Ne me touchez pas ;... ne m'approchez pas...

— Si c'est un empoisonneur — dit une voix — pas plus de grâce pour lui que pour l'autre...

— Moi... un empoisonneur! — s'écria l'abbé frappé de stupeur.

Ciboule s'était précipitée sur le flacon ; le carrier le saisit, le déboucha, et dit au P. d'Aigrigny en le lui tendant :

— Et ça !... qu'est-ce que c'est ?

— Cela n'est pas du poison... — s'écria le P. d'Aigrigny.

— Alors... bois-le... — repartit le carrier.

— Oui... oui... qu'il le boive ! — cria la foule.

— Jamais ! — reprit le P. d'Aigrigny avec épouvante.

Et il se recula en repoussant vivement le flacon de la main.

— Voyez-vous !... c'est du poison ;... il n'ose pas boire — cria-t-on.

Et déjà serré de toutes parts, le P. d'Aigrigny trébuchait sur le corps de Goliath.

— Mes amis — s'écria le jésuite, qui, sans

VIII.   7

être empoisonneur, se trouvait dans une terrible alternative, car son flacon renfermait des sels préservatifs d'une grande force, aussi dangereux à boire que du poison — mes braves amis, vous vous méprenez; au nom de notre Seigneur, je vous jure que....

— Si ce n'est pas du poison... bois donc — reprit le carrier en présentant de nouveau le flacon au jésuite.

— Si tu ne bois pas, à mort! comme ton camarade, puisque, comme lui, tu empoisonnes le peuple.

— Oui... à mort!... à mort!...

— Mais, malheureux... — s'écria le P. d'Aigrigny les cheveux hérissés de terreur — vous voulez donc m'assassiner?

— Et tous ceux que toi et ton camarade vous avez empoisonnés, brigands?

— Mais cela n'est pas vrai... et...

— Bois, alors... — répéta l'inflexible carrier — une dernière fois... décide-toi.

— Boire... cela... mais c'est la mort... (1) — s'écria le P. d'Aigrigny.

(1) Le fait est historique : un homme a été massacré parce

— Ah! voyez-vous le brigand! — répondit la foule en se resserrant davantage — il avoue... il avoue...

— Il s'est trahi!

— Il l'a dit : Boire ça... c'est la mort!...

— Mais... écoutez moi donc! — s'écria l'abbé en joignant les mains — ce flacon... c'est...

Des cris furieux interrompirent le P. d'Aigrigny.

— Ciboule! achève celui-là! cria le carrier en poussant du pied Goliath — moi, je vais commencer celui-ci!

Et il saisit le P. d'Aigrigny à la gorge.

A ces mots, deux groupes se formèrent :

L'un, conduit par Ciboule, acheva Goliath à coups de pieds, à coups de pierres, à coups de sabots; bientôt le corps ne fut plus qu'une chose horrible, mutilée, sans nom, sans forme, une masse inerte pétrie de boue et de chairs broyées.

Ciboule donna son tartan, on le noua à

qu'on a trouvé sur lui un flacon rempli d'ammoniaque. Sur son refus de le boire, la populace, persuadée que le flacon était rempli de poison, déchira ce malheureux.

7.

l'un des pieds disloqués du cadavre, et on le traîna ainsi jusqu'au parapet du quai.

Et là, au milieu des cris d'une joie féroce, on précipita ces débris sanglants dans la rivière...

Maintenant, ne frémit-on pas en songeant que, dans un temps d'émotion populaire, il suffit d'un mot, d'un seul mot dit imprudemment par un homme honnête, et même sans haine, pour provoquer un si effroyable meurtre ?

— *C'est peut-être un empoisonneur !...*

Voilà ce qu'avait dit le buveur du cabaret de la rue de la Calandre ;... rien de plus,... et Goliath avait été impitoyablement massacré...

Que d'impérieuses raisons pour faire pénétrer l'instruction, les lumières dans les dernières profondeurs des masses... et mettre ainsi bien des malheureux à même de se défendre de tant de préjugés stupides, de tant de superstitions funestes, de tant de fanatismes implacables !..Comment demander le calme, la réflexion, l'empire de soi-même, le sentiment de la justice, à des êtres abandonnés, que l'ignorance abrutit, que la misère déprave, que les souffrances courroucent, et dont la société ne s'occupe que lorsqu'il s'agit de les enchaîner au bagne ou de les garrotter pour le bourreau ?

. . . .

Le cri terrible dont Morok avait été épouvanté était celui que poussa le P. d'Aigrigny lorsque le carrier appesantit sur lui sa main formidable, disant à Ciboule en lui montrant Goliath expirant :

— Achève celui-ci... je vais commencer celui-là.

CHAPITRE VII.

LA CATHÉDRALE.

La nuit était presque entièrement venue, lorsque le cadavre mutilé de Goliath fut précipité dans la rivière.

Les oscillations de la foule avaient refoulé jusque dans la rue qui longe le côté gauche de la cathédrale le groupe au pouvoir duquel restait le P. d'Aigrigny, qui, parvenu à se dégager de la puissante étreinte du carrier, mais toujours pressé par la multitude qui l'enserrait en criant: *Mort à l'empoisonneur!* reculait pas à pas, tâchant de parer les coups qu'on lui portait. A force de présence d'esprit, d'adresse, de courage, retrouvant dans ce moment critique son ancienne énergie militaire, il avait pu jusqu'alors résister et demeurer debout ; sachant, par l'exemple de Goliath, que tomber, c'était mourir.

Quoiqu'il espérât peu d'être utilement entendu, l'abbé appelait de toutes ses forces à l'aide, au secours... Cédant le terrain pied à pied, manœuvrant de façon à se rapprocher de l'un des murs latéraux de l'église, il parvint enfin à s'acculer dans une encoignure formée par la saillie d'un pilastre et tout près de la baie d'une petite porte.

Cette position était assez favorable; le P. d'Aigrigny, adossé au mur, se trouvait ainsi à l'abri d'une partie des attaques. Mais le carrier, voulant lui ôter cette dernière chance de salut, se précipita sur lui, afin de le saisir et de l'entraîner au milieu du cercle, où il eût été foulé aux pieds ; la terreur de la mort donnant au P. d'Aigrigny une force extraordinaire, il put encore repousser rudement le carrier et rester, comme incrusté, dans l'angle où il s'était réfugié.

La résistance de la victime redoubla le

rage des assaillants, les cris de mort retentirent avec une nouvelle violence.

Le carrier se jeta de nouveau sur le P. d'Aigrigny en disant :

— A moi, les amis !... Celui-là dure trop, finissons-le...

Le P. d'Aigrigny se vit perdu...

Ses forces étaient à bout, il se sentit défaillir,... ses jambes tremblèrent,... un nuage passa devant sa vue, les hurlements de ces furieux commençaient à arriver presque voilés à son oreille. Le contre-coup de plusieurs violentes contusions reçues, pendant la lutte, à la tête et surtout à la poitrine, se faisait déjà ressentir... Deux ou trois fois une écume sanglante vint aux lèvres de l'abbé, sa position était désespérée...

— Mourir assommé par ces brutes, après avoir, tant de fois, à la guerre, échappé à la mort !

Telle était la pensée du P. d'Aigrigny, lorsque le carrier s'élança sur lui.

Soudain, et au moment où l'abbé, cédant à l'instinct de sa conservation, appelait une dernière fois au secours d'une voix déchirante, la porte à laquelle il s'adossait s'ouvrit derrière lui ;... une main ferme le saisit et l'attira vivement dans l'église.

Grâce à ce mouvement exécuté avec la rapidité de l'éclair le carrier lancé en avant, pour saisir le P. d'Aigrigny, ne put retenir son élan, et se trouva face à face avec le personnage qui venait, pour ainsi dire, de se substituer à la victime.

Le carrier s'arrêta court, puis recula deux pas, stupéfait comme la foule de cette brusque apparition, et, comme la foule, frappé d'un vague sentiment d'admiration et de respect à la vue de celui qui venait de secourir si miraculeusement le P. d'Aigrigny.

Celui-là était Gabriel...

Le jeune missionnaire restait debout au seuil de la porte ...

Sa longue soutane noire se dessinait sur les profondeurs à demi lumineuses de la cathédrale, tandis que son adorable figure d'archange, encadrée de longs cheveux blonds, pâle, émue de commisération et de douleur, était doucement éclairée par les dernières lueurs du crépuscule.

Cette physionomie resplendissait d'une beauté si divine ; elle exprimait une compassion si touchante et si tendre, que la foule se sentit remuée lorsque Gabriel, ses grands yeux bleus humides de larmes, les mains suppliantes, s'écria d'une voix sonore et palpitante :

— Grâce... mes frères !... Soyez humains... soyez justes.

Revenu de son premier mouvement de surprise et de son émotion involontaire, le carrier fit un pas vers Gabriel et s'écria :

— Pas de grâce pour l'empoisonneur !... il nous le faut... qu'on nous le rende... ou nous allons le prendre...

— Y songez-vous, mes frères ?... — répondit Gabriel — dans cette église... un lieu sacré... un lieu de refuge... pour tout ce qui est persécuté !...

— Nous empoignerions notre empoisonneur jusque sur l'autel — répondit brutalement le carrier ; — ainsi rendez-le-nous.

— Mes frères, écoutez-moi... — dit Gabriel en tendant les bras vers lui.

— A bas la calotte ! — cria le carrier —

l'empoisonneur se cache dans l'église... entrons dans l'église.

— Oui... oui... — cria la foule entraînée de nouveau par la violence de ce misérable— à bas la calotte !...

— Ils s'entendent.

— A bas les calottins !

— Entrons là comme à l'Archevêché !...

— Comme à Saint-Germain-l'Auxerrois !...

— Qu'est-ce que cela nous fait à nous, une église !...

— Si les calottins défendent les empoisonneurs... à l'eau les calottins !...

— Oui ! oui !...

— Et je vas vous montrer le chemin, moi !

Ce disant, le carrier, suivi de Ciboule et de bon nombre d'hommes déterminés, fit un pas vers Gabriel.

Le missionnaire, voyant depuis quelques secondes le courroux de la foule se ranimer, avait prévu ce mouvement ; se rejetant brusquement dans l'église, il parvint, malgré les efforts des assaillants, à maintenir la porte presque fermée et à la barricader de son mieux au moyen d'une barre de bois qu'il appuya d'un bout sur les dalles et de l'autre sous la saillie d'un des ais transversaux : grâce à cette espèce d'arc-boutant, la porte pouvait résister quelques minutes.

Gabriel, tout en défendant ainsi l'entrée, criait au P. d'Aigrigny :

— Fuyez, mon père... fuyez par la sacristie ; les autres issues sont fermées...

Le jésuite, anéanti, couvert de contusions, inondé d'une sueur froide, sentant les forces lui manquer tout à fait, et se croyant enfin en sûreté, s'était jeté sur une chaise, à demi évanoui...

A la voix de Gabriel, l'abbé se leva péniblement ; et d'un pas chancelant et hâté il tâcha de gagner le chœur séparé par une grille du reste de l'église.

— Vite, mon père !... — ajouta Gabriel avec effroi en maintenant de toutes ses forces la porte vigoureusement assiégée — hâtez-vous !... Mon Dieu ! hâtez-vous !... Dans quelques minutes... il sera trop tard ;... — Puis le missionnaire ajouta avec désespoir : Et être seul... seul pour arrêter l'invasion de ces insensés...

Il était seul en effet.

Au premier bruit de l'attaque, trois ou quatre sacristains et autres employés de la *fabrique* se trouvaient dans l'église ; mais ces gens, épouvantés, se rappelant le sac de l'Archevêché et de Saint-Germain-l'Auxerrois, avaient aussitôt pris la fuite ; les uns se réfugièrent et se cachèrent dans les orgues, où ils montèrent rapidement ; les autres se sauvèrent par la sacristie, dont ils fermèrent les portes en dedans, enlevant ainsi tout moyen de retraite à Gabriel et au P. d'Aigrigny.

Ce dernier, courbé en deux par la douleur, écoutant les pressantes paroles du missionnaire, s'aidant des chaises qu'il rencontrait sur son passage, faisait de vains efforts pour atteindre la grille du chœur... Au bout de quelques pas, vaincu par l'émotion, par la souffrance, il chancela, s'affaissa sur lui-même, tomba sur les dalles, et ses sens l'abandonnèrent.

A ce moment même, Gabriel, malgré l'énergie incroyable que lui inspirait le désir de sauver le P. d'Aigrigny, sentit la porte s'ébranler enfin sous une formidable secousse et prête à céder.

Tournant alors la tête pour s'assurer que le jésuite avait au moins pu quitter l'église, Gabriel, à sa grande épouvante, le vit étendu sans mouvement à quelques pas du chœur...

Abandonner la porte à demi brisée, courir au P. d'Aigrigny, le soulever et le traîner en dedans de la grille du chœur... ce fut pour Gabriel une action aussi rapide que la pensée, car il refermait la grille à l'instant même où le carrier et sa bande, après avoir défoncé la porte, se précipitaient dans l'église.

Debout, et en dehors du chœur, les bras croisés sur sa poitrine, Gabriel attendit, calme et intrépide, cette foule encore exaspérée par une résistance inattendue.

La porte enfoncée, les assaillants firent une violente irruption ; mais à peine eurent-ils mis le pied dans l'église, qu'il se passa une scène étrange.

La nuit était venue...

Quelques lampes d'argent jetaient seules une pâle clarté au milieu du sanctuaire, dont les bas-côtés disparaissent noyés dans l'ombre.

A leur brusque entrée dans cette immense cathédrale, sombre, silencieuse et déserte, les plus audacieux restèrent interdits, presque craintifs, devant la grandeur imposante de cette solitude de pierre.

Les cris, les menaces expirèrent aux lèvres de ces furieux. On eût dit qu'ils redoutaient d'éveiller les échos de ces voûtes énormes... de ces voûtes noires, d'où suintait une humidité sépulcrale, qui glaça leurs fronts enflammés de colère, et tomba sur leurs épaules comme une froide chape de plomb.

La tradition religieuse, la routine, les habitudes ou les souvenirs d'enfance ont tant d'action sur certains hommes, qu'à peine entrés, plusieurs compagnons du carrier se découvrirent respectueusement, inclinèrent leur tête nue, et marchèrent avec précaution, afin d'amortir le bruit de leurs pas sur les dalles sonores.

Puis ils échangèrent quelques mots d'une voix basse et craintive.

D'autres, cherchant timidement des yeux

à une hauteur incommensurable les derniers arceaux de ce vaisseau gigantesque alors perdus dans l'obscurité, se sentaient presque effrayés de se voir si petits au milieu de cette immensité remplie de ténèbres...

Mais, à la première plaisanterie du carrier, qui rompit ce respectueux silence, cette émotion passa bientôt.

— Ah çà, mille tonnerres ! — s'écria-t-il — est-ce que nous prenons haleine pour chanter vêpres ! S'il y avait du vin dans le bénitier, à la bonne heure.

— Quelques éclats de rire sauvages accueillirent ces paroles.

— Pendant ce temps-là, le brigand nous échappe — dit l'un.

— Et nous sommes volés — reprit Ciboule.

— On dirait qu'il y a des poltrons ici, et qu'ils ont peur des sacristains — ajouta le carrier.

— Jamais... — cria-t-on en chœur — jamais ; on ne craint personne.

— En avant !...

— Oui... oui... en avant! — cria-t-on de toutes parts.

Et l'animation, un moment calmée, redoubla au milieu d'un nouveau tumulte.

Quelques instants après, les yeux des assaillants, habitués à cette pénombre, distinguèrent, au milieu de la pâle auréole de lumière projetée par une lampe d'argent, la figure imposante de Gabriel debout en dehors de la grille du chœur.

— L'empoisonneur est ici caché dans un coin — cria le carrier. — Il faut forcer ce curé à nous le rendre, le brigand...

— Il en répond.

— C'est lui qui l'a fait se sauver dans l'église.

— Il payera pour tous les deux, si on ne trouve pas l'autre.

A mesure que s'effaçait la première impression de respect involontairement ressentie par la foule, les voix s'élevaient davantage et les visages devenaient d'autant plus farouches, d'autant plus menaçants, que chacun avait honte d'un moment d'hésitation et de faiblesse.

—Oui, oui! — s'écrièrent plusieurs voix tremblantes de colère — il nous faut la vie de l'un ou la vie de l'autre.

— Ou de tous les deux...

— Tant pis, pourquoi ce calottin veut-il nous empêcher d'écharper notre empoisonneur.

— A mort! à mort!

A cette explosion de cris féroces qui retentit d'une façon effrayante au milieu des gigantesques arceaux de la cathédrale, la foule ivre de rage se précipita vers la grille du chœur, à la porte duquel se tenait Gabriel.

Le jeune missionnaire, qui, mis en croix par les sauvages des montagnes Rocheuses, priait encore le Seigneur de pardonner à ses bourreaux, avait trop de courage dans le cœur, trop de charité dans l'âme pour ne pas risquer mille fois sa vie afin de sauver le P. d'Aigrigny... cet homme qui l'avait trompé avec une si lâche et si cruelle hypocrisie.

CHAPITRE VIII.

LES MEURTRIERS.

Le carrier, suivi de sa bande, courant vers Gabriel, qui avait fait quelques pas de plus en avant de la grille du chœur, s'écria les yeux étincelants de rage :

—Où est l'empoisonneur?... Il nous le faut...

—Et qui vous a dit qu'il fût empoisonneur, mes frères?—reprit Gabriel de sa voix pénétrante et sonore.—Un empoisonneur!... et où sont les preuves?... les témoins?... les victimes?...

— Assez!... nous ne sommes pas ici à confesse... — répondit brutalement le carrier en s'avançant d'un air menaçant. — Rendez-nous notre homme, il faut qu'il y passe ;... sinon vous payerez pour lui...

— Oui !... oui !... — crièrent plusieurs voix.

— Ils s'entendent...

— Il nous faut l'un ou l'autre !

— Eh bien ! me voici — dit Gabriel en relevant la tête et s'avançant avec un calme rempli de résignation et de majesté. — Moi ou lui — ajouta-t-il ; — que vous importe ? vous voulez du sang : prenez le mien, et je vous pardonnerai, mes frères, car un funeste délire trouble votre raison.

Ces paroles de Gabriel, son courage, la noblesse de son attitude, la beauté de ses traits avaient impressionné quelques assaillants, lorsque soudain une voix s'écria :

— Eh ! les amis !... l'empoisonneur est là... derrière... la grille...

— Où ça ?... où ça ?... — cria-t-on.

— Tenez... là... voyez-vous... étendu sur le carreau...

A ces mots, les gens de cette bande qui jusque-là s'étaient à peu près tenus en masse compacte dans l'espèce de couloir qui sépare les deux côtés de la nef, où sont rangées les chaises, ces gens se dispersèrent de tous côtés, afin de courir à la grille du chœur, dernière et seule barrière qui défendît le P. d'Aigrigny.

Pendant cette manœuvre, le carrier, Ciboule et d'autres s'avancèrent droit vers Gabriel en criant avec une joie féroce :

— Cette fois, nous le tenons... à mort l'empoisonneur !

Pour sauver le P. d'Aigrigny, Gabriel se fût laissé massacrer à la porte de la grille ; mais plus loin, cette grille, haute de quatre pieds au plus, allait être en un instant abattue ou escaladée.

Le missionnaire perdit tout espoir d'arracher le jésuite à une mort affreuse... Pourtant il s'écria :

— Arrêtez !... pauvres insensés...

Et il se jeta au-devant de la foule en étendant les mains vers elle.

Son cri, son geste, sa physionomie exprimèrent une autorité à la fois si tendre et si fraternelle, qu'il y eut un moment d'hésitation dans la foule; mais à cette hésitation succédèrent bientôt ces cris de plus en plus furieux :

— A mort! à mort!

— Vous voulez sa mort?... — dit Gabriel en pâlissant encore.

— Oui!... oui!...

— Eh bien! qu'il meure... — s'écria le missionnaire saisi d'une inspiration subite — oui, qu'il meure à l'instant.

Ces mots du jeune prêtre frappèrent la foule de stupeur.

Pendant quelques secondes, ces hommes, muets, immobiles, et pour ainsi dire paralysés, regardèrent Gabriel avec une surprise ébahie.

— Cet homme est coupable, dites-vous — reprit le jeune missionnaire d'une voix tremblante d'émotion — vous l'avez jugé, sans preuves, sans témoins; qu'importe?... il mourra... Vous lui reprochez d'être un empoisonneur;... et ses victimes, où sont-elles? Vous l'ignorez... Qu'importe? il est condamné... Sa défense, ce droit sacré de tout accusé... vous refusez de l'entendre;.... qu'importe encore?.. son arrêt est prononcé. Vous êtes à la fois accusateurs, juges et bourreaux... Soit!... vous n'avez jamais vu cet infortuné, il ne vous a fait aucun mal, vous ne savez s'il en a fait à quelqu'un... et devant les hommes, vous prenez la terrible responsabilité de sa mort... vous entendez bien... de sa mort. Qu'il en soit donc ainsi, votre conscience vous absoudra;... je le veux croire... Le condamné mourra;... il va mourir, la sainteté de la maison de Dieu ne le sauvera pas...

— Non... non... — crièrent plusieurs voix avec acharnement.

— Non... — reprit Gabriel avec une chaleur croissante — non, vous voulez répandre le sang, et vous le répandrez jusque dans le temple du Seigneur... C'est, dites-vous, votre droit... Vous faites acte de terrible justice... Mais alors pourquoi tant de bras robustes pour achever cet homme expirant? Pourquoi ces cris, ces fureurs, ces violences? Est-ce donc ainsi que s'exercent les jugements du peuple, du peuple équitable et fort? Non, non, lorsque, sûr de son droit, il frappe son ennemi... il le frappe avec le calme du juge qui, en son âme et conscience, rend un arrêt... Non, le peuple équitable et fort ne frappe pas en aveugle, en furieux, en poussant des cris de rage comme s'il voulait s'étourdir sur quelque lâche et horrible assassinat... Non, ce n'est pas ainsi que doit s'accomplir le redoutable droit que vous voulez exercer à cette heure... car vous le voulez...

— Oui, nous le voulons.

S'écrièrent le carrier, Ciboule et plusieurs des plus impitoyables, tandis qu'un grand nombre restaient muets, frappés des paroles de Gabriel, qui venait de leur peindre sous de si vives couleurs l'acte affreux qu'ils voulaient commettre.

— Oui — reprit donc le carrier — c'est notre droit, nous voulons tuer l'empoisonneur...

Ce disant, le misérable, l'œil sanglant, la joue enflammée, s'avança à la tête d'un groupe résolu, et, marchant en avant, il fit un geste comme s'il eût voulu repousser et écarter de son passage Gabriel debout et toujours en avant de la grille.

Mais, au lieu de résister au bandit, le missionnaire fit vivement deux pas à sa rencontre, le prit par le bras, et lui dit d'une voix ferme :

— Venez...

Et entraînant pour ainsi dire à sa suite le carrier stupéfait, que ses compagnons abasourdis par ce nouvel incident n'osèrent suivre tout d'abord... Gabriel parcourut rapidement l'espace qui le séparait du chœur, en ouvrit la grille, et amenant le carrier, qu'il tenait toujours par le bras, jusqu'au corps du P. d'Aigrigny étendu sur les dalles, il s'écria :

— Voici la victime... elle est condamnée... frappez-la !...

— Moi ! — s'écria le carrier en hésitant — moi... tout seul...

— Oh ! — reprit Gabriel avec amertume — il n'y a aucun danger, vous l'achèverez facilement;... il est anéanti par la souffrance... il lui reste à peine un souffle de vie... il ne fera aucune résistance... Ne craignez rien !!!

Le carrier restait immobile, pendant que la foule étrangement impressionnée par cet incident, se rapprochait peu à peu de la grille, sans oser la franchir.

— Frappez donc! — reprit Gabriel en s'adressant au carrier, et lui montrant la foule d'un geste solennel — voici les juges... et vous êtes le bourreau...

— Non — s'écria le carrier en se reculant et détournant les yeux — je ne suis pas le bourreau... moi!!!

La foule resta muette... Pendant quelques secondes pas un mot, pas un cri ne troubla le silence de l'imposante cathédrale.

Dans un cas désespéré, Gabriel avait agi avec une profonde connaissance du cœur humain.

Lorsque la multitude, égarée par une rage aveugle, se rue sur une victime en poussant des clameurs féroces, et que chacun frappe son coup, cette espèce d'épouvantable meurtre en commun semble à tous moins horrible, parce que tous en partagent la solidarité:... puis les cris, la vue du sang, la défense désespérée de l'homme que l'on massacre finissent par causer une sorte d'ivresse féroce : mais que, parmi ces fous furieux qui ont trempé dans cet homicide, on en prenne un, qu'on le mette seul en face d'une victime incapable de se défendre, et qu'on lui dise : frappe! — presque jamais il n'osera frapper.

Il en était ainsi du carrier; ce misérable tremblait à l'idée d'un meurtre commis *par lui seul* et de sang-froid.

La scène précédente s'était passée très-rapidement; parmi les compagnons du carrier les plus rapprochés de la grille, quelques-uns ne comprirent pas une impression qu'ils eussent ressentie comme cet homme indomptable, si comme à lui on leur avait dit : Faites l'office du bourreau.

Plusieurs hommes de sa bande murmurèrent donc en le blâmant hautement de sa faiblesse.

— Il n'ose pas achever l'empoisonneur — disait l'un.

— Le lâche !

— Il a peur.

— Il recule.

Entendant ces rumeurs, le carrier courut à la grille, l'ouvrit toute grande et, montrant du geste le corps du P. d'Aigrigny, il s'écria :

— S'il y en a un plus hardi que moi, qu'il aille l'achever,... qu'il fasse le bourreau,... voyons...

A cette proposition, les murmures cessèrent.

Un silence profond régna de nouveau dans la cathédrale : toutes ces physionomies, naguère irritées, devinrent mornes, confuses, presque effrayées ; cette foule égarée commençait surtout à comprendre la lâcheté féroce de l'acte qu'elle voulait commettre.

Personne n'osait plus aller frapper isolément cet homme expirant.

Tout à coup, le P. d'Aigrigny poussa une sorte de râle d'agonie ; sa tête et l'un de ses bras se relevèrent par un mouvement convulsif, puis retombèrent aussitôt sur la dalle comme s'il eût expiré...

Gabriel poussa un cri d'angoisse et se jeta à genoux auprès du P. d'Aigrigny en disant :

— Grand Dieu ! il est mort...

Singulière mobilité de la foule si impressionnable pour le mal comme pour le bien.

— Au cri déchirant de Gabriel, ces gens, qui, un instant auparavant, demandaient à grands cris le massacre de cet homme, se sentirent presque apitoyés...

Ces mots : *Il est mort !* circulèrent à voix basse dans la foule, avec un léger frémissement, pendant que Gabriel soulevait d'une main la tête appesantie du P. d'Aigrigny, et, de l'autre, cherchait son pouls à travers son épiderme glacé.

— Monsieur le curé — dit le carrier en se penchant vers Gabriel : — Vraiment, est-ce qu'il n'y a plus de ressource ?...

La réponse de Gabriel fut attendue avec anxiété au milieu d'un silence profond, à peine si l'on osait échanger quelques paroles à voix basse...

— Soyez béni, mon Dieu ! — s'écria tout à coup Gabriel — son cœur bat...

— Son cœur bat...

Répéta le carrier en retournant la tête vers la foule pour lui apprendre cette bonne nouvelle...

— Ah ! son cœur bat.

Redit tout bas la foule.

— Il y a de l'espoir... nous pourrons le sauver... — ajouta Gabriel avec une expression de bonheur indicible.

— Nous pourrons le sauver.

Répéta machinalement le carrier.

— On pourra le sauver...

Murmura doucement la foule.

— Vite, vite — reprit Gabriel en s'adressant au carrier — aidez-moi, mon frère; transportons-le dans une maison voisine;... on lui donnera là les premiers soins...

Le carrier obéit avec empressement. Pendant que le missionnaire soulevait le P. d'Aigrigny par-dessous les bras, le carrier prit par les jambes ce corps presque inanimé; à eux deux ils le transportèrent en dehors du chœur.

A la vue du redoutable carrier aidant le jeune prêtre à secourir cet homme qu'elle poursuivait naguère de cris de mort, la multitude éprouva un soudain revirement de pitié. Ces hommes, subissant la pénétrante influence de la parole et de l'exemple de Gabriel, se sentirent attendris; ce fut alors à qui offrirait ses services.

—Monsieur le curé, il serait mieux sur une chaise que l'on porterait à bras—dit Ciboule.

— Voulez-vous que j'aille chercher un brancard à l'Hôtel-Dieu? — reprit un autre.

— Monsieur le curé, j'vas vous remplacer; ce corps est trop lourd pour vous.

— Ne vous donnez pas la peine — dit un homme vigoureux en s'approchant respectueusement du missionnaire, je le porterai bien, moi.

— Si je filais chercher une voiture, monsieur le curé — dit un affreux gamin en ôtant sa calotte grecque.

— Tu as raison — dit le carrier — cours vite, moutard.

— Mais, avant, demande donc à M. le curé s'il veut que tu ailles chercher une voiture — dit Ciboule en arrêtant l'impatient messager.

— C'est juste — reprit un des assistants

— nous sommes ici dans une église, c'est M. le curé qui commande. Il est chez lui.

— Oui! oui! allez vite, mon enfant — dit Gabriel à l'obligeant gamin.

— Pendant que celui-ci perçait la foule, une voix dit :

— J'ai une petite bouteille d'osier avec de l'eau-de-vie dedans, ça peut-il servir?

— Sans doute — répondit vivement Gabriel; — donnez, donnez... on frottera les tempes du malade avec ce spiritueux, et on le lui fera respirer...

— Passez la bouteille... — cria Ciboule — et surtout ne mettez pas le nez dedans...

La bouteille, passant de mains en mains avec précaution, parvint intacte jusqu'à Gabriel.

En attendant l'arrivée de la voiture, le P. d'Aigrigny avait été momentanément assis sur une chaise; pendant que plusieurs hommes de bonne volonté soutenaient soigneusement l'abbé, le missionnaire lui faisait aspirer un peu d'eau-de-vie; au bout de quelques minutes, ce spiritueux agit assez puissamment sur le jésuite, il fit quelques légers mouvements, et un profond soupir souleva sa poitrine oppressée.

— Il est sauvé,... — il vivra — s'écria Gabriel d'une voix triomphante — il vivra,... mes frères.

— Ah ! tant mieux !... — dirent plusieurs voix.

— Oh ! oui, tant mieux ! mes frères — reprit Gabriel — car au lieu d'être accablés par les remords d'un crime, vous vous souviendrez d'une action charitable et juste... Remercions Dieu de ce qu'il a changé votre fureur aveugle en un sentiment de compassion ! Invoquons-le... pour que vous-mêmes et tous ceux que vous aimez tendrement ne courent jamais l'affreux danger auquel cet infortuné vient d'échapper... O mes frères ! — ajouta Gabriel en montrant le Christ avec une émotion touchante et rendue plus communicative encore par l'expression de sa figure angélique — ô mes frères, n'oublions jamais que celui qui est mort sur cette croix pour la défense des opprimés, obscurs enfants du peuple comme nous, a dit ces tendres paroles si douces au cœur : *Aimons-nous les uns les autres...* ! Ne les oublions jamais ! aimons-nous, mes frères ! secourons-nous, et nous autres, pauvres gens, nous en deviendrons meilleurs, plus heureux et plus justes ! Aimons-nous !... aimons-nous, mes frères, et prosternons-nous devant le Christ, ce Dieu de tout ce qui est opprimé, faible et souffrant en ce monde !

Ce disant, Gabriel s'agenouilla.

Tous l'imitèrent respectueusement, tant sa parole simple, convaincue, était puissante.

A ce moment, un singulier incident vint ajouter à la grandeur de cette scène.

Nous l'avons dit, peu d'instants avant que la bande du carrier eût fait irruption dans l'église, plusieurs personnes qui s'y trouvaient avaient pris la fuite ; deux d'entre elles s'étaient réfugiées dans l'orgue, et, de cet abri, avaient assisté, invisibles, à la scène précédente. L'une de ces personnes était un jeune homme chargé de l'entretien des orgues, assez bon musicien pour en jouer ; profondément ému du dénoûment inespéré de cet événement d'abord si tragique, cédant enfin à une inspiration d'artiste, ce jeune homme, au moment où il vit le peuple s'agenouiller comme Gabriel, ne put s'empêcher de se mettre au clavier...

Alors, une sorte d'harmonieux soupir, d'abord presque insensible, sembla s'exhaler du sein de l'immense cathédrale, comme une aspiration divine;... puis, aussi suave, aussi aérienne que la vapeur embaumée de l'encens, elle monta et s'épandit jusqu'aux voûtes sonores; peu à peu, ces faibles et doux accords, quoique toujours voilés, se changèrent en une mélodie d'un charme indéfinissable, à la fois religieux, mélancolique et tendre, qui s'élevait au ciel comme un chant ineffable de reconnaissance et d'amour...

Ces accords avaient d'abord été si faibles, si voilés, que la multitude agenouillée s'était, sans surprise, peu à peu abandonnée à l'irrésistible influence de cette harmonie enchanteresse...

Alors bien des yeux, jusque-là secs et farouches, se mouillèrent de larmes ;... bien des cœurs endurcis battirent doucement, en se rappelant ces mots prononcés par Gabriel avec un accent si tendre : *Aimons-nous les uns les autres.*

Ce fut à ce moment que le P. d'Aigrigny revint à lui... et ouvrit les yeux.

Il se crut sous l'impression d'un rêve...

Il avait perdu les sens à la vue d'une populace en furie, qui, l'injure et le blasphème aux lèvres, le poursuivait de cris de mort jusque dans le saint temple ;... le jésuite rouvrait les yeux... Et à la pâle clarté des lampes du sanctuaire, aux sons religieux de l'orgue, il voyait cette foule naguère si menaçante, si implacable, alors agenouillée, silencieuse, émue, recueillie, et courbant humblement le front devant la majesté du saint lieu.

. . . .
. . . .

Quelques minutes après, Gabriel, porté presque en triomphe sur les bras de la foule, montait dans la voiture au fond de laquelle était étendu le P. d'Aigrigny, qui avait peu à peu complétement repris ses esprits.

Cette voiture, d'après l'ordre du jésuite, s'arrêta devant la porte d'une maison de la rue de Vaugirard ; il eut la force et le courage d'entrer seul dans cette demeure, où Gabriel ne fut pas introduit et où nous conduirons le lecteur.

CHAPITRE IX.

LA PROMENADE.

A l'extrémité de la rue de Vaugirard, on voyait alors un mur fort élevé, seulement percé dans toute sa longueur par une petite porte à guichet. Cette porte ouverte, on traversait une cour entourée de grilles doublées de panneaux de persiennes, qui empêchaient de voir à travers l'intervalle des barreaux; l'on entrait ensuite dans un vaste et beau jardin, symétriquement planté, au fond duquel s'élevait un bâtiment à deux étages d'un aspect parfaitement confortable, et construit sans luxe, mais avec une simplicité *cossue* (que l'on excuse cette vulgarité), signe évident de l'opulence discrète.

Peu de jours s'étaient passés depuis que le P. d'Aigrigny avait été si courageusement arraché par Gabriel à la fureur populaire. Trois ecclésiastiques portant des robes noires, des rabats blancs et des bonnets carrés, se promenaient dans le jardin d'un pas lent et mesuré: le plus jeune de ces trois prêtres semblait avoir environ trente ans ; sa figure était pâle, creuse et empreinte d'une certaine rudesse ascétique ; ses deux compagnons, âgés de cinquante à soixante ans, avaient, au contraire, une physionomie à la fois béate et rusée; leurs joues luisaient au soleil, vermeilles et rebondies, tandis que leurs trois mentons, grassement étagés, descendaient mollement jusque sur la fine batiste de leurs rabats. Selon les règles de leur ordre (ils appartenaient à la Société de Jésus), qui leur défend de se promener seulement deux ensemble, ces trois congréganistes ne se quittaient pas d'une seconde.

— Je crains bien — disait l'un des deux en continuant une conversation commencée et parlant d'une personne absente — je crains bien que la continuelle agitation à laquelle le R. P. a été en proie depuis que le choléra l'a frappé, n'ait usé ses forces... et causé la dangereuse rechute qui aujourd'hui fait craindre pour ses jours.

— Jamais, dit-on — reprit l'autre R. P. — on n'a vu d'inquiétudes et d'angoisses pareilles aux siennes.

— Aussi — dit amèrement le plus jeune prêtre — est-il pénible de penser que sa révérence le P. Rodin a été un sujet de scandale en raison de ses refus obstinés de faire avant-hier une confession publique, lorsque son état parut si désespéré, qu'entre deux accès de son délire on crut devoir lui proposer les derniers sacrements.

— Sa révérence a prétendu n'être pas aussi mal qu'on le supposait — reprit un des Pères — et qu'il accomplirait ses derniers devoirs lorsqu'il en sentirait la nécessité.

— Le fait est que depuis dix jours qu'on l'a amené ici mourant... sa vie n'a été, pour ainsi dire, qu'une longue et douloureuse agonie ; et pourtant il vit encore.

— Moi, je l'ai veillé pendant les trois premiers jours de sa maladie, avec M. Rousselet, l'élève du |docteur Baleinier — reprit le plus jeune Père ; — il n'a presque pas eu un moment de connaissance, et lorsque le Seigneur lui accordait quelques instants lucides, il les employait en emportements détestables contre le sort qui le clouait sur son lit.

— On affirme — reprit l'autre R. P. — que le P. Rodin aurait répondu à monseigneur le cardinal de Malipieri, qui était venu l'engager à faire une fin exemplaire, digne d'un fils de Loyola, notre saint fondateur (à ces mots, les trois jésuites s'inclinèrent simultanément comme s'ils eussent été mus par un même ressort); on affirme, dis-je, que le P. Rodin aurait répondu à Son Éminence : « — *Je n'ai pas besoin de me confesser publiquement*, JE VEUX VIVRE ET JE VIVRAI. »

— Je n'ai pas été témoin de cela ;... mais si le P. Rodin a osé prononcer de telles paroles... — dit vivement le jeune Père d'un air indigné — c'est un...

Puis la réflexion lui venant sans doute à

propos, il jeta un regard oblique sur ses deux compagnons muets, impassibles, et il ajouta :

— C'est un grand malheur pour son âme ;.. mais je suis certain qu'on a calomnié sa révérence.

— C'est aussi seulement comme bruit calomnieux que je rapportais ces paroles — dit l'autre prêtre en échangeant un regard avec son compagnon.

Un assez long silence suivit cet entretien.

En conversant ainsi, les trois congréganistes avaient parcouru une longue allée aboutissant à un quinconce.

Au milieu de ce rond-point d'où rayonnaient d'autres avenues, on voyait une grande table ronde en pierre ; un homme, aussi vêtu du costume ecclésiastique, était agenouillé sur cette table ; on lui avait attaché sur le dos et sur la poitrine deux grands écriteaux ;

L'un portait ces mots écrits en grosses lettres :

INSOUMIS.

L'autre :

CHARNEL.

Le R. P. qui subissait, selon la règle, à l'heure de la promenade, cette niaise et humiliante punition d'écolier, était un homme de quarante ans, à la carrure d'Hercule, au cou de taureau, aux cheveux noirs et crépus, au visage basané; quoique, selon l'usage, il tînt constamment et humblement les yeux baissés, on devinait, à la rude et fréquente contraction de ses gros sourcils, que son ressentiment intérieur était peu d'accord avec son apparente résignation, surtout lorsqu'il voyait s'approcher de lui les RR. PP. qui en assez grand nombre et toujours trois par trois ou isolément se promenaient dans les allées aboutissant au rond-point où il était *exposé.*

Lorsqu'ils passèrent devant ce vigoureux pénitent, les trois RR. PP. dont nous avons parlé, obéissant à un mouvement d'une régularité, d'un ensemble admirable, levèrent simultanément les yeux au ciel comme pour lui demander pardon de l'abomination et de la désolation dont un des leurs était cause : puis, d'un second regard, non moins mécanique que le premier, ils foudroyèrent toujours simultanément le pauvre diable aux écriteaux, robuste gaillard qui semblait réunir tous les droits possibles à se montrer insoumis et charnel; après quoi, poussant comme un seul homme trois profonds soupirs d'indignation sainte, d'une intonation exactement pareille, les RR. PP. recommencèrent leur promenade avec une précision automatique.

Parmi les autres RR. PP. qui se promenaient aussi dans le jardin, on apercevait çà et là plusieurs laïques, et voici pourquoi :

Les RR. PP. possédaient une maison voisine, séparée seulement de la leur par une charmille ; dans cette maison, bon nombre de dévots venaient, à certaines époques, se mettre en pension afin de faire ce qu'ils appellent dans leur jargon des *retraites*.

C'était charmant; on trouvait ainsi réunis l'agrément d'une succulente cuisine et l'agrément d'une charmante petite chapelle, nouvelle et heureuse combinaison du confessionnal et du logement garni, de la table d'hôte et du sermon.

Précieuse imagination que cette sainte hôtellerie où les aliments corporels et spirituels étaient aussi appétissants que délicatement choisis et servis; où l'on restaurait l'âme et le corps à tant par tête; où l'on pouvait faire gras le vendredi en toute sécurité de conscience moyennant une *dispense de Rome*, pieusement portée sur la carte à payer, immédiatement après le café et l'eau-de-vie. Aussi disons-le, à la louange de la profonde habileté financière des RR. PP. et à leur insinuante dextérité, la pratique abondait.

Et comment n'aurait-elle pas abondé: le gibier était faisandé avec tant d'à propos, la route du paradis si facile, la marée si fraîche, la rude voie du salut si bien déblayée d'épines et si gentiment sablée de sable couleur de rose, les primeurs si abondantes, les pénitences si légères, sans compter les excellents saucissons d'Italie et les indulgences du S. P. qui arrivaient directement de Rome, et de première main, et de premier choix, s'il vous plaît!

Quelles tables d'hôte auraient pu affronter une pareille concurrence? On trouvait dans cette calme, grasse et opulente retraite tant d'accommodements avec le ciel ! Pour bon nombre de gens à la fois riches et dévots, craintifs et douillets qui, tout en ayant une peur atroce des cornes du diable, ne peuvent cependant renoncer à une foule de péchés mignons fort délectables, la direction complaisante et la morale élastique des RR. PP. était inappréciable.

En effet, quelle profonde reconnaissance un vieillard corrompu, personnel et poltron ne devait-il pas avoir pour ces prêtres qui l'assuraient contre les coups de fourche de Belzébuth, et lui garantissaient les béatitudes éternelles, le tout sans lui demander le sacrifice d'un seul des goûts vicieux, des appétits dépravés ou des sentiments de hideux égoïsme dont il s'était fait une si douce habitude ! Aussi comment récompenser ces confesseurs si gaillardement indulgents, ces guides spirituels d'une complaisance si égrillarde ? Hélas, mon Dieu, cela se paye tout benoîtement par l'abandon futur de beaux et bons immeubles, de brillants écus bien trébuchants, le tout au détriment des héritiers du sang, souvent pauvres, honnêtes, laborieux, et ainsi pieusement dépouillés par les RR. PP.

Un des vieux religieux dont nous avons parlé, faisant allusion à la présence des laïques dans le jardin de la maison, et voulant rompre sans doute un silence devenu assez embarrassant, dit au jeune religieux d'une figure sombre et fanatique :

— L'avant dernier pensionnaire que l'on a amené blessé dans notre maison de retraite continue sans doute de se montrer aussi sauvage, car je ne le vois pas avec nos autres pensionnaires.

— Peut-être — dit l'autre religieux — préfère-t-il se promener seul dans le jardin du bâtiment neuf.

— Je ne crois pas que cet homme, depuis qu'il habite notre maison de retraite, soit même descendu dans le petit parterre contigu au pavillon isolé qu'il occupe au fond de l'établissement ; le P. d'Aigrigny, qui seul communiquait avec lui, se plaignait dernièrement de la sombre apathie de ce pensionnaire,... que l'on n'a pas encore vu une seule fois à la chapelle—ajouta sévèrement le jeune Père.

— Peut-être n'est-il pas en état de s'y rendre — reprit un des RR. PP.

— Sans doute — répondit l'autre — car j'ai entendu dire au docteur Baleinier que l'exercice eût été fort salutaire à ce pensionnaire encore convalescent, mais qu'il se refusait obstinément à sortir de sa chambre.

— On peut toujours se faire porter à la chapelle — dit le jeune Père d'une voix brève et dure ; puis, restant dès lors silencieux, il continua de marcher à côté de ses deux compagnons, qui continuèrent l'entretien suivant :

— Vous ne connaissez pas le nom de ce pensionnaire ?

— Depuis quinze jours que je le sais ici, je ne l'ai jamais entendu appeler autrement que le *monsieur du pavillon*.

— Un de nos servants, qui est attaché à sa personne, et qui ne le nomme pas autrement, m'a dit que c'était un homme d'une extrême douceur, paraissant affecté d'un profond chagrin ; il ne parle presque jamais, souvent il passe des heures entières le front entre ses deux mains ; du reste, il paraît se plaire assez dans la maison ; mais, chose étrange, il préfère au jour une demi-obscurité ; et, par une autre singularité, la lueur du feu lui cause un malaise tellement insupportable, que, malgré le froid des dernières journées de mars, il n'a pas souffert que l'on allumât du feu dans sa chambre.

— C'est peut-être un maniaque.

— Non ; le servant me disait au contraire que le *monsieur du pavillon* était d'une raison parfaite, mais que la clarté du feu lui rappelait probablement quelque pénible souvenir.

— Le P. d'Aigrigny doit être, mieux que personne, instruit de ce qui regarde le *monsieur du pavillon*, puisque tel est son nom, car il passe presque chaque jour en longues conférences avec lui.

— Le P. d'Aigrigny a, du moins, depuis trois jours, interrompu ces conférences, car il n'est pas sorti de sa chambre,... depuis que l'autre soir on l'a ramené en fiacre, gravement indisposé, dit-on.

— C'est juste ; mais j'en reviens à ce que disait tout à l'heure notre cher frère — reprit l'autre en montrant du regard le jeune Père qui marchait les yeux baissés, semblant compter les grains de sable de l'allée. — Il est singulier que ce convalescent, cet inconnu, n'ait pas encore paru à la chapelle... Nos autres pensionnaires viennent surtout ici pour faire des retraites dans un redoublement de ferveur religieuse... Comment le *monsieur du pavillon* ne partage-t-il pas ce zèle ?

— Alors pourquoi a-t-il choisi pour séjour notre maison plutôt qu'une autre ?

— Peut-être est-ce une conversion, peut-être est-il venu ici pour s'instruire dans notre sainte religion.

Et la promenade continua entre ces trois prêtres.

A entendre cette conversation vide, puérile et remplie de caquetages sur des tiers (d'ailleurs personnages importants de cette histoire), on aurait pris ces trois RR. PP. pour des hommes médiocres ou vulgaires et l'on se serait gravement trompé ; chacun, selon le rôle qu'il était appelé à jouer dans la troupe dévote, possédait quelque rare et excellent mérite, toujours accompagné de cet esprit audacieux et insinuant, opiniâtre et madré, flexible et dissimulé, particulier à la majorité des membres de la Société. Mais, grâce à l'obligation de mutuel espionnage imposée à chacun, grâce à la haineuse défiance qui en résultait et au milieu de laquelle vivaient ces prêtres, ils n'échangeaient jamais entre eux que des banalités insaisissables à la délation, réservant toutes les ressources, toutes les facultés de leur esprit pour exécuter passivement la volonté du chef, joignant alors dans l'accomplissement des ordres qu'ils en recevaient l'obéissance la plus absolue, la plus aveugle quant au fond, et la dextérité la plus inventive, la plus diabolique quant à la forme.

Ainsi, l'on nombrerait difficilement les riches successions, les dons opulents que les deux RR. PP., à figures si débonnaires et si fleuries, avaient fait entrer dans le sac toujours ouvert, toujours béant, toujours aspirant, de la congrégation, employant, pour exécuter ces prodigieux tours de gibecière opérés sur des esprits faibles, sur des malades et sur des mourants, tantôt la benoîte séduction, la ruse pateline, les promesses de bonnes petites places dans le paradis, etc., etc., tantôt la calomnie, les menaces et l'épouvante.

Le plus jeune des trois RR. PP., précieusement doué d'une figure pâle et décharnée, d'un regard sombre et fanatique, d'un ton acerbe et intolérant, était une manière de prospectus ascétique, une sorte d'échantillon vivant, que la compagnie lançait en avant dans certaines circonstances, lorsqu'il lui fallait persuader à des *simples* que rien n'était plus rude, plus austère que les fils de Loyola, et qu'à force d'abstinences et de mortifications ils devenaient osseux et diaphanes comme des anachorètes, créance que les Pères à larges panses et à joues rebondies auraient difficilement propagée ; en un mot, comme dans toute troupe de vieux comédiens, on tâchait, autant que possible, que chaque rôle eût le physique de l'emploi.

En devisant ainsi que nous l'avons dit, les RR. PP. étaient arrivés auprès d'un bâtiment contigu à l'habitation principale et disposé en manière de magasin ; on communiquait dans cet endroit par une entrée particulière qu'un mur assez élevé rendait invisible ; à travers une fenêtre ouverte et grillée on entendait le tintement métallique d'un maniement d'écus presque continuel; tantôt ils semblaient ruisseler comme si on les eût vidés d'un sac sur une table, tantôt ils rendaient ce bruit sec des piles que l'on entasse.

Dans ce bâtiment se trouvait la caisse commerciale où l'on venait acquitter le prix des livres, des gravures, des chapelets, etc., fabriqués par la congrégation et répandus à profusion en France par la complicité de l'église, livres presque toujours stupides, insolents, licencieux (1) ou menteurs, ouvrages détestables dans lesquels tout ce qu'il y a de beau, de grand, d'illustre, dans la glorieuse histoire de notre république immortelle, est travesti ou insulté en langage des halles. Quant aux gravures représentant les miracles modernes, elles étaient annotées avec une effronterie burlesque qui dépasse de beaucoup les affiches les plus bouffonnes des saltimbanques de la foire.

(1) Pour ne citer qu'un de ces livres, nous indiquerons un opuscule vendu dans le mois de Marie et où se trouvent les détails les plus révoltants sur les couches de la Vierge. Ce livre est destiné aux jeunes filles.

Après avoir complaisamment écouté le bruissement métallique d'écus, un des RR. PP. dit en souriant :

— Et c'est seulement aujourd'hui jour de petite recette. Le P. économe disait dernièrement que les bénéfices du premier trimestre avaient été de 83,000 fr.

— Du moins — dit âprement le jeune Père — ce sera autant de ressources et de moyens de mal faire enlevés à l'impiété.

— Les impies auront beau se révolter, les gens réligieux sont avec nous — reprit l'autre R. P.; — il n'y a qu'à voir, malgré les préoccupations que donne le choléra, comme les numéros de notre pieuse loterie sont rapidement enlevés... Et chaque jour on nous apporte de nouveaux lots... Hier la récolte a été bonne : 1° une petite copie de la Vénus Callipyge en marbre blanc (un autre don eût été plus modeste; mais la fin justifie les moyens); 2° un morceau de la corde qui a servi à garrotter sur l'échafaud cet infâme Robespierre, et à laquelle on voit encore un peu de son sang maudit; 3° une dent canine de saint Fructueux, enchâssée dans un petit reliquaire d'or ; 4° une boîte à rouge du temps de la régence, en magnifique laque du Coromandel ornée de perles fines.

— Ce matin — reprit l'autre prêtre — on a apporté un admirable lot. Figurez-vous, mes chers Pères, un magnifique poignard à manche de vermeil ; la lame, très-large, est creuse, et au moyen d'un mécanisme vraiment miraculeux, dès que la lame est plongée dans le corps, la force même du coup fait sortir plusieurs petites lames transversales très-aiguës qui, pénétrant dans les chairs, empêchent complétement d'en retirer la *mère-lame*, si l'on peut s'exprimer ainsi ; je ne crois pas qu'on puisse imaginer une arme plus meurtrière ; la gaîne est en velours superbement orné de plaques de vermeil ciselé.

— Oh ! oh ! — dit l'autre prêtre — voici un lot qui sera fort envié.

— Je le crois bien — répondit le R. P. — aussi on le met, avec la Vénus et la boîte à rouge, parmi les gros lots du tirage de la Vierge.

— Que voulez-vous dire? — reprit l'autre avec étonnement — quel est le tirage de la Vierge?

— Comment, vous ignorez...

— Parfaitement.

— C'est une charmante invention de la mère Sainte-Perpétue. Figurez-vous, mon cher Père, que les gros lots seront tirés par une petite figure de la Vierge à ressort que l'on montera sous sa robe avec une clef de montre; cela lui donnera un mouvement circulaire de quelques instants, de sorte que le numéro sur lequel s'arrêtera la sainte mère du Sauveur sera le gagnant (1).

— Ah! c'est vraiment charmant! — dit l'autre Père —l'idée est remplie d'à-propos;... j'ignorais ce détail...Mais savez-vous combien

---

(1) Cette ingénieuse parodie du procédé de la roulette et du biribi, appliquée à un simulacre de la Vierge, a eu lieu pour le tirage d'une loterie religieuse, il y a six semaines, dans un couvent de femmes. Pour les croyants, ceci doit être monstrueusement sacrilége ; pour les indifférents, c'est d'un ridicule déplorable : car de toutes les traditions celle de Marie est une des plus touchantes et des plus respectables.

coûtera l'ostensoir dont cette loterie est destinée à payer les frais?

— Le P. procureur m'a dit que l'ostensoir, y compris les pierreries, ne reviendrait pas à moins de 35,000 fr... sans compter le vieux que l'on a repris seulement pour le poids de l'or... évalué, je crois, à 9,000 fr.

— La loterie doit rapporter 40,000 fr., nous sommes en mesure — reprit l'autre R. P. — Au moins notre chapelle ne sera pas éclipsée par le luxe insolent de celle de *messieurs* les lazaristes.

— Ce sont eux au contraire qui maintenant nous envieront, car leur bel ostensoir d'or massif, dont ils étaient si fiers, ne vaut pas la moitié de celui que notre loterie nous donnera ; puisque le nôtre est non-seulement plus grand, mais encore couvert de pierres précieuses.

Cette intéressante conversation fut malheureusement interrompue. Cela était si touchant! Ces prêtres d'une religion toute de pauvreté et d'humilité, de modestie et de charité, recourant aux jeux de hasard prohibés par la loi, et tendant la main au public pour parer leurs autels avec un luxe révoltant, pendant que des milliers de leurs frères meurent de faim et de misère, à la porte de leurs éblouissantes chapelles, misérables rivalités de reliques qui n'ont pas d'autre cause qu'un vulgaire et bas sentiment d'envie ; on ne lutte pas à qui secourra plus de pauvres, mais à qui étalera plus de richesses sur la table de l'autel (1).

. . . .

(1) Ces lignes étaient écrites, lorsqu'il est venu à notre connaissance, sinon un fait, du moins une espérance dont nous nous réjouissons avec tous les gens de cœur. Il s'agit de la loterie destinée à la reconstruction de l'orgue de Saint-Eustache, loterie qui, à cette heure, occupe tout Paris, et dont un ignoble agiotage s'est emparé.

Une personne, parfaitement informée, nous assure que M. l'archevêque de Paris, ému d'un scrupule profondément chrétien, et auquel nous lui demandons la permission de nous associer sincèrement, a engagé M. le curé de Saint-Eustache à donner une destination noblement utile, généreuse et charitable à la somme énorme provenant de cette loterie, somme montant à 250,000 fr., et primitivement destinée à l'édification d'un nouvel orgue pour la paroisse de Saint-Eustache.

Si nous sommes bien renseigné, voici quel serait le projet de M. l'archevêque :

Les 250,000 fr. placés en rentes sur l'État offriraient

L'une des portes de la grille du jardin s'ouvrit, et l'un des trois RR. PP. dit, à la vue d'un nouveau personnage qui entrait :

un revenu annuel de 10,000 fr. environ. Avec une rente de 10,000 fr, on peut, chaque année, secourir très-efficacement au moins vingt ou trente familles malheureuses, en leur accordant à chacune de 3 à 500 fr. ; or, d'après les intentions de M. l'archevêque, le curé de Saint-Eustache s'entendrait avec le maire et les membres du bureau de charité de son arrondissement quant à la juste et légitime répartition de ces secours inespérés.

Lors du tirage de la loterie, une sorte de *bill d'indemnité*, relatif à ce changement dans la destination des fonds, serait demandé à l'assemblée par M. le curé de Saint-Eustache avec la chaleureuse éloquence qui ne lui fait jamais défaut et qui certainement n'aura jamais été inspirée par un sentiment plus chrétien.

Nul doute que la majorité des donataires et des souscripteurs ne consente à cette mesure avec joie, nous dirions même avec reconnaissance, lorsque M. le curé, d'une voix émue et surtout convaincue, leur aura peint l'ineffable bonheur qu'ils éprouveront en pensant qu'au lieu d'avoir contribué à la futile édification d'une superfluité si coûteuse et au moins inconvenante dans l'église de l'un des plus pauvres quartiers de Paris, où pullulent tant d'affreuses misères, ils ont assuré désormais et pour toujours des secours annuels à un grand nombre d'infortunes intéressantes ; car, seulement en dix années, trois ou quatre cents familles peuvent être arrachées à une misère quelquefois désespérée.

Nous applaudissons vivement à cette sage et charitable détermination de M. l'archevêque de Paris, à laquelle M. le curé de Saint-Eustache est si digne de s'associer ; nous

— Ah! voici Son Éminence le cardinal Malipieri qui vient visiter le P. Rodin.

— Puisse cette visite de Son Éminence — dit le jeune Père d'un air rogue — être plus profitable au P. Rodin que la dernière!

En effet, le cardinal Malipieri passa dans le fond du jardin, se rendant à l'appartement occupé par Rodin.

---

pensons comme eux que les bénédictions des familles secourues par cette intelligente aumône seront pour Dieu un concert plus agréable que les sons d'une serinette colossale, coûtât-elle 250,000 fr.

Il est inutile d'ajouter qu'une indemnité sera probablement accordée aux ouvriers qui devaient travailler à l'orgue, et qui d'ailleurs n'eussent nécessairement pas chômé dans le cas où la loterie en question n'aurait pas été imaginée.

Cette note n'étant pas soumise à l'interdit qui pèse sur notre œuvre à l'endroit de la reproduction, nous serions heureux de voir nos amis la répéter dans les journaux où ils écrivent, afin de donner une éclatante publicité à une résolution si honorable pour ceux qui en ont pris l'initiative. EUGÈNE SUE.

Est-il nécessaire de dire que cette note était une ingénieuse suggestion, et qu'on n'avait pas plus songé avant à donner à la loterie une autre destination, qu'on ne l'a voulu après. Cette loterie a été tirée le 21 mai 1845. Voir les journaux du 22. L'ÉDITEUR.

CHAPITRE X.

LE MALADE.

Le cardinal Malipieri, que l'on a vu assister à l'espèce de concile tenu chez la princesse de Saint-Dizier, et qui se rendait alors à l'appartement occupé par Rodin, était vêtu en laïque et enveloppé d'une ample douillette de satin puce, exhalant une forte odeur de camphre, car le prélat s'était entouré de tous les préservatifs anticholériques imaginables.

Arrivé à l'un des paliers du second étage de la maison, le cardinal frappa à une porte grise; personne ne lui répondant, il l'ouvrit, et, en homme qui connaissait parfaitement les êtres, il traversa une espèce d'antichambre et se trouva dans une pièce où était dressé un lit de sangle; sur une table de bois noir à casiers on voyait plusieurs fioles ayant contenu des médicaments.

La physionomie du prélat semblait inquiète, morose; son teint était toujours jaunâtre et bilieux; le cercle brun qui cernait ses yeux noirs et louches, paraissait encore plus charbonné que de coutume.

S'arrêtant un instant, il regarda autour de lui presque avec crainte, et à plusieurs reprises aspira fortement la senteur d'un flacon anti-cholérique; puis, se voyant seul, il s'approcha d'une glace placée sur la cheminée, et, observa très-attentivement la couleur de sa langue; après quelques minutes de ce consciencieux examen, dont il parut du reste assez satisfait, il prit dans une bonbonnière d'or quelques pastilles préservatrices qu'il laissa fondre dans sa bouche en fermant les yeux avec componction.

Ces précautions sanitaires prises, collant de nouveau son flacon à son nez, le prélat se préparait à entrer dans la pièce voisine, lorsque, entendant à travers la mince cloison qui l'en séparait un bruit assez violent, il s'arrêta pour écouter, car tout ce qui se disait dans l'appartement voisin arrivait très-facilement à son oreille.

— Me voici pansé... je veux me lever — disait une voix faible mais brève et impérieuse.

— Vous n'y songez pas, mon révérend Père — répondit une voix plus forte — c'est impossible.

— Vous allez voir si cela est impossible — reprit l'autre voix.

— Mais, mon révérend Père,... vous vous tuerez... vous êtes hors d'état de vous lever... c'est vous exposer à une rechute mortelle ;... je n'y consentirai pas...

A ces mots succéda de nouveau le bruit d'une faible lutte mêlée de quelques gémissements plus irrités que plaintifs, et la voix reprit :

— Non, non, mon Père, et pour plus de sûreté je ne laisserai pas vos habits à votre portée... Voici bientôt l'heure de votre potion, je vais aller vous la préparer.

Et presque aussitôt, une porte s'ouvrant, le prélat vit entrer un homme de vingt-cinq ans environ, portant sous son bras une vieille redingote olive et un pantalon noir non moins râpé qu'il jeta sur une chaise.

Ce personnage était M. Ange-Modeste Rousselet, premier élève du docteur Baleinier : la physionomie du jeune praticien était humble, douceâtre et réservée; ses cheveux, presque ras sur le devant, flottaient derrière son cou ; il fit un léger mouvement de surprise à la vue du cardinal et le salua profondément à deux reprises sans lever les yeux sur lui.

— Avant toute chose — dit le prélat avec son accent italien très-prononcé, et en se tenant sous le nez son flacon de camphre — les symptômes cholériques sont-ils revenus?

— Non, monseigneur, la fièvre pernicieuse qui a succédé à l'attaque de choléra suit son cours.

— A la bonne heure... Mais le révérend

Père ne veut donc pas être raisonnable? Quel est ce bruit que je viens d'entendre?

— Sa Révérence voulait absolument se lever et s'habiller, monseigneur ; mais sa faiblesse est si grande, qu'il n'aurait pu faire deux pas hors de son lit. L'impatience le dévore;... on craint toujours que cette excessive agitation ne cause une rechute mortelle.

— Le docteur Baleinier est-il venu ce matin?

— Il sort d'ici, monseigneur.

— Que pense-t il du malade?

— Il le trouve dans un état on ne peut plus alarmant, monseigneur... La nuit a été si mauvaise que M. Baleinier avait ce matin de grandes inquiétudes; le R. P. Rodin est dans l'un de ces moments critiques où une crise peut décider en quelques heures de la vie ou de la mort du malade... M. Baleinier est allé chercher ce qu'il lui fallait pour une opération réactive très-douloureuse, et il va venir la pratiquer sur le malade.

— Et a-t-on fait prévenir le P. d'Aigrigny?

— Le P. d'Aigrigny est fort souffrant lui-même, ainsi que Votre Éminence le sait;... il n'a pas encore pu quitter son lit depuis trois jours.

— Je me suis informé de lui en montant — reprit le prélat — et je le verrai tout à l'heure. Mais, pour en revenir au P. Rodin, a-t-on fait avertir son confesseur, puisqu'il est dans un état presque désespéré, et qu'il doit subir une opération si grave?

— M. Baleinier lui en a touché deux mots, ainsi que des derniers sacrements; mais le P. Rodin s'est écrié avec irritation qu'on ne lui laissait pas un moment de repos, qu'on le harcelait sans cesse, qu'il avait autant que personne souci de son âme, et que...

— *Per Bacco!...* il ne s'agit pas de lui! — s'écria le cardinal en interrompant par cette exclamation païenne M. Ange-Modeste Rousselet, et en élevant sa voix, déjà très-aiguë et très-criarde — il ne s'agit pas de lui, il s'agit de l'intérêt de sa compagnie. Il est indispensable que le révérend Père reçoive les sacrements avec la plus éclatante solennité, et qu'il fasse non-seulement une fin chrétienne, mais une fin d'un effet retentissant...

Il faut que tous les gens de cette maison, des étrangers même, soient conviés à ce spectacle, afin que sa mort édifiante produise une excellente sensation.

— C'est ce que le R. P. Grison et le R. P. Brunet ont déjà voulu faire entendre à sa révérence, monseigneur ; mais Votre Éminence sait avec quelle impatience le P. Rodin a reçu ces conseils, et M. Baleinier, de peur de provoquer une crise dangereuse, peut-être mortelle, n'a pas osé insister.

— Eh bien ! moi, j'oserai, car dans ce temps d'impiété révolutionnaire une fin solennellement chrétienne produira un effet très-salutaire sur le public. Il serait même fort à propos, en cas de mort, de se préparer à embaumer le révérend Père ; on le laisserait ainsi exposé pendant quelques jours en chapelle ardente, selon la coutume romaine. Mon secrétaire donnera le dessin du catafalque ; c'est très-splendide, très-imposant ; par sa position dans l'ordre, le P. Rodin aura droit à quelque chose d'on ne peut plus somptueux ; il lui faudra au moins six cents cierges ou bougies et environ une douzaine de lampes funéraires à l'esprit-de-vin placées au-dessus de son corps pour l'éclairer d'en haut, cela fait à merveille ; on pourrait ensuite distribuer au peuple de petits écrits concernant la vie pieuse et ascétique du révérend Père, et...

Un bruit brusque, sec comme celui d'un objet métallique que l'on jetterait à terre avec colère, se fit entendre dans la pièce voisine, où se trouvait le malade, et interrompit le prélat.

— Pourvu que le P. Rodin ne vous ait pas entendu parler de son embaumement,... monseigneur — dit à voix basse M. Ange-Modeste Rousselet — son lit touche cette cloison et on entend tout ce qui se dit ici.

— Si le P. Rodin m'a écouté — reprit le cardinal à voix basse et allant se placer à l'autre bout de la chambre — cette circonstance me servira à entrer en matière ;... mais en tout état de cause je persiste à croire que l'embaumement et l'exposition seraient très-nécessaires pour frapper un bon coup sur l'esprit public. Le peuple est déjà très-effrayé par le choléra, une pareille pompe mortuaire produirait un grand effet sur l'imagination de la population.

— Je me permettrai de faire observer à Votre Éminence qu'ici les lois s'opposent à ces expositions, et que...

— Les lois,... toujours les lois — dit le cardinal avec courroux — est-ce que Rome n'a pas aussi ses lois? Est-ce que tout prêtre n'est pas sujet de Rome? Est-ce qu'il n'est pas temps de...

Mais ne voulant pas sans doute entrer dans une conversation plus explicite avec le jeune médecin, le prélat reprit :

— Plus tard on s'occupera de ceci ; mais, dites-moi, depuis ma dernière visite, le révérend Père a-t-il eu de nouveaux accès de délire ?

— Oui, monseigneur, cette nuit il a déliré pendant une heure et demie au moins.

— Avez-vous, ainsi qu'il vous l'a été recommandé, continué de tenir une note exacte de toutes les paroles qui ont échappé au malade pendant ce nouvel accès ?

— Oui, monseigneur; voici cette note,

ainsi que Votre Éminence me l'a commandé.

Ce disant, M. Ange-Modeste Rousselet prit dans le casier une note qu'il remit au prélat.

— Nous rappellerons au lecteur que cette partie de l'entretien de M. Rousselet et du cardinal ayant été tenue hors de portée de la cloison, Rodin n'avait pu rien entendre, tandis que la conversation relative à son embaumement présumé avait pu parfaitement parvenir jusqu'à lui.

Le cardinal ayant reçu la note de M. Rousselet, la prit avec une expression de vive curiosité. Après l'avoir parcourue, il froissa le papier et il se dit sans dissimuler son dépit:

— Toujours des mots incohérents,... pas deux paroles dont on puisse tirer une induction raisonnable;... on croirait vraiment que cet homme a le pouvoir de se posséder même pendant son délire, et de n'extravaguer qu'à propos de choses insignifiantes.

Puis s'adressant à M. Rousselet:

— Vous êtes bien sûr d'avoir rapporté tout ce qui lui échappait durant son délire?

— A l'exception des phrases qu'il répétait sans cesse et que je n'ai écrites qu'une fois, Votre Éminence peut être persuadée que je n'ai pas omis un seul mot, même si déraisonnable qu'il me parût...

— Vous allez m'introduire auprès du P. Rodin — dit le prélat après un moment de silence.

— Mais... monseigneur... — répondit l'élève avec hésitation — son accès l'a quitté il y a seulement une heure, et le R. P. est bien faible en ce moment.

— Raison de plus — répondit assez indiscrètement le prélat.

Puis, se ravisant, il ajouta :

— Raison de plus... il appréciera davantage les consolations que je lui apporte ;... s'il s'est endormi éveillez-le et annoncez-lui ma visite.

— Je n'ai que des ordres à recevoir de Votre Éminence — dit M. Rousselet en s'inclinant.

Et il entra dans une chambre voisine.

Resté seul, le cardinal se dit d'un air pensif :

— J'en reviens toujours là... Lors de la soudaine attaque de choléra dont il a été frappé,... le P. Rodin s'est cru empoisonné par ordre du Saint-Siége ; il machinait donc contre Rome quelque chose de bien redoutable pour avoir conçu une crainte si abominable. Nos soupçons seraient-ils donc fondés ? Agirait-il souterrainement et puissamment, comme on le craint, sur une notable partie du sacré collége ;... mais alors dans quel but ? Voilà ce qu'il a été impossible de pénétrer, tant son secret est fidèlement gardé par ses complices... J'avais espéré que, pendant son délire... il lui échapperait quelque mot qui me mettrait sur la trace de ce que nous avons tant d'intérêt à savoir, car presque toujours le délire, et surtout chez un homme d'un esprit si inquiet, si actif, le délire n'est que l'exagération d'une idée dominante ; cependant, voilà cinq accès que l'on m'a pour ainsi dire fidèlement sténographiés... et rien, non,... rien, que des phrases vides ou sans suite.

Le retour de M. Rousselet mit un terme aux réflexions du prélat.

— Je suis désolé d'avoir à vous apprendre, monseigneur, que le révérend Père refuse opiniâtrément de voir personne ; il prétend avoir besoin d'un repos absolu... Quoique très-abattu, il a l'air sombre, courroucé... Je ne serais pas étonné qu'il eût entendu Votre Éminence parler de le faire embaumer... et...

Le cardinal, interrompant M. Rousselet, lui dit :

— Ainsi, le P. Rodin a eu son dernier accès de délire cette nuit ?

— Oui, monseigneur, de trois à cinq heures et demie du matin.

— De trois... à cinq heures du matin — répéta le prélat comme s'il eût voulu fixer ce détail dans sa mémoire — et cet accès n'a offert rien de particulier ?

— Non, monseigneur : ainsi que Votre Éminence a pu s'en convaincre par la lecture de cette note, il est impossible de rassembler plus de paroles incohérentes.

Puis, voyant le prélat se diriger vers la porte de l'autre chambre, M. Rousselet ajouta :

— Mais, monseigneur, le révérend Père ne veut absolument voir personne;... il a besoin d'un repos absolu avant l'opération qu'on va lui faire tout à l'heure,... et il serait dangereux peut-être de...

Sans répondre à cette observation, le cardinal entra dans la chambre de Rodin.

Cette pièce assez vaste, éclairée par deux fenêtres, était simplement mais commodément meublée; deux tisons brûlaient lentement dans les cendres de l'âtre, envahi par une cafetière, un pot de faïence et un poêlon où grésillait un épais mélange de farine de moutarde; sur la cheminée on voyait épars plusieurs morceaux de linge et des bandes de toile.

Il régnait dans cette chambre cette odeur pharmaceutique émanant des médicaments, particulière aux endroits occupés par les malades, mélangée d'une senteur si âcre, si putride, si nauséabonde, que le cardinal s'arrêta un moment auprès de la porte sans avancer.

Ainsi que les RR. PP. l'avaient prétendu

dans leur promenade, Rodin vivait parce qu'il s'était dit :

— *Il faut que je vive, et je vivrai...*

Car de même que de faibles imaginations, de lâches esprits, succombent souvent à la seule terreur du mal, de même aussi, mille faits le prouvent, la vigueur de caractère et l'énergie morale peuvent souvent lutter opiniâtrément contre le mal et triompher de positions quelquefois désespérées.

Il en avait été ainsi du jésuite... L'inébranlable fermeté de son caractère, et l'on dirait presque la redoutable ténacité de sa volonté (car la volonté acquiert parfois une sorte de toute-puissance mystérieuse dont on est effrayé), venant en aide à l'habile médication du docteur Baleinier, Rodin avait échappé au fléau dont il avait été si rapidement atteint. Mais à cette foudroyante perturbation physique avait succédé une fièvre des plus pernicieuses, qui mettait en grand péril la vie de Rodin.

Ce redoublement de danger avait causé les plus vives alarmes au P. d'Aigrigny, qui, malgré sa rivalité et sa jalousie, sentait qu'au point où en étaient arrivées les choses, Rodin, tenant tous les fils de la trame, pouvait seul la conduire à bien.

Les rideaux de la chambre du malade, étant à demi fermés, ne laissaient arriver qu'un jour douteux autour du lit où gisait Rodin.

La face du jésuite avait perdu cette teinte verdâtre particulière aux cholériques, mais elle était restée d'une lividité cadavéreuse; sa maigreur était telle, que sa peau, sèche, rugueuse, se collait aux moindres aspérités des os ; les muscles et les veines de son long cou, pelé, décharné, comme celui d'un vautour, ressemblaient à un réseau de cordes; sa tête, couverte d'un bonnet de soie noire roux et crasseux, d'où s'échappaient quelques mèches de cheveux d'un gris terne, reposait sur un sale oreiller, Rodin ne voulant absolument pas qu'on le changeât de linge. Sa barbe, rare, blanchâtre, n'ayant pas été rasée depuis long-temps, pointait çà et là, comme les crins d'une brosse, sur cette peau terreuse; par-dessous sa chemise, il portait un vieux gilet de laine troué à plusieurs endroits ; il avait sorti un de ses bras de son lit, et de sa main osseuse et velue, aux ongles bleuâtres, il tenait un mouchoir à tabac d'une couleur impossible à rendre.

On eût dit un cadavre, sans deux ardentes étincelles qui brillaient dans l'ombre formée par la profondeur des orbites. Ce regard, où semblaient concentrées, réfugiées, toute la vie, toute l'énergie qui restaient encore à cet homme, trahissait une inquiétude dévorante ; tantôt ses traits révélaient une douleur aiguë ; tantôt la crispation de ses mains, et les brusques tressaillements dont il était agité, disaient assez son désespoir d'être cloué sur ce lit de douleur, tandis que les graves intérêts dont il s'était chargé réclamaient toute l'activité de son esprit ; aussi sa pensée, ainsi continuellement tendue, surexcitée, faiblissait souvent, les idées lui échappaient ; alors il éprouvait des moments d'absence, des accès de délire dont il sortait comme d'un rêve pénible et dont le souvenir l'épouvantait.

D'après les sages conseils du docteur Baleinier, qui le trouvait hors d'état de s'occuper de choses importantes, le P. d'Aigrigny avait jusqu'alors évité de répondre aux questions de Rodin sur la marche de l'affaire Rennepont, si doublement capitale pour lui, et qu'il tremblait de voir compromise ou perdue, par suite de l'inaction forcée à laquelle la maladie le condamnait. Ce silence du P. d'Aigrigny au sujet de cette trame dont lui, Rodin, tenait les fils, l'ignorance complète où il était des événements qui avaient pu se passer depuis sa maladie, augmentaient encore son exaspération.

Tel était l'état moral et physique de Rodin, lorsque, malgré sa volonté, le cardinal Malipieri était entré dans sa chambre.

CHAPITRE XI.

LE PIÉGE.

Pour faire mieux comprendre les tortures de Rodin réduit à l'inaction par la maladie, et pour expliquer l'importance de la visite du cardinal Malipieri, rappelons en deux mots les audacieuses visées de l'ambition du jésuite qui se croyait l'émule de Sixte-Quint, en attendant qu'il fût devenu son égal.

Arriver par le succès de l'affaire Rennepont au généralat de son ordre, puis, dans le cas d'une abdication presque prévue, s'assurer, par une splendide corruption, la majorité du sacré collége, afin de monter sur le trône pontifical, et alors, au moyen d'un changement dans les statuts de la compagnie de Jésus, inféoder cette puissante société au Saint-Siége au lieu de la laisser, dans son indépendance, égaler et presque toujours dominer le pouvoir papal, tels étaient les secrets projets de Rodin.

Quant à leur possibilité, elle était consacrée par de nombreux antécédents ; car plusieurs simples moines ou prêtres avaient été soudainement élevés à la dignité pontificale.

Quant à la moralité de la chose, l'avénement des Borgia, de Jules II, et de bien d'autres étranges vicaires du Christ, auprès desquels Rodin était un vénérable saint, excusait, autorisait les prétentions du jésuite.

Quoique le but des menées souterraines de Rodin à Rome eût été jusqu'alors enveloppé du plus profond mystère, l'éveil avait été néanmoins donné sur ses intelligences secrètes avec un grand nombre de membres du sacré collége ; une fraction de ce collége, à la tête de laquelle se trouvait le cardinal Malipieri, s'étant inquiétée, le cardinal profitait de son voyage en France pour tâcher de pénétrer les ténébreux desseins du jésuite. Si dans la scène que nous venons de peindre le cardinal s'était tant opiniâtré à vouloir conférer avec le R. P. malgré le refus de ce dernier, c'est que le prélat espérait, ainsi qu'on va le voir, arriver par la ruse à surprendre un secret jusqu'alors trop bien caché au sujet des intrigues qu'il lui supposait à Rome.

C'est donc au milieu de circonstances si importantes, si capitales, que Rodin se voyait en proie à une maladie qui paralysait ses forces, lorsque plus que jamais il aurait eu besoin de toute l'activité, de toutes les ressources de son esprit.

. . . .

Après être resté quelques instants immobile auprès de la porte, le cardinal, tenant toujours son flacon sous son nez, s'approcha lentement du lit de Rodin.

Celui-ci, irrité de cette persistance, et voulant échapper à un entretien qui pour beaucoup de raisons lui était singulièrement odieux, tourna brusquement la tête du côté de la ruelle, et feignit de dormir.

S'inquiétant peu de cette feinte, et bien décidé à profiter de l'état de faiblesse où il savait Rodin, le prélat prit une chaise, et, malgré sa répugnance, s'établit au chevet du jésuite.

— Mon révérend et très-cher Père... comment vous trouvez-vous ? — lui dit-il d'une voix mielleuse que son accent italien semblait rendre plus hypocrite encore.

Rodin fit le sourd, respira bruyamment et ne répondit pas.

Le cardinal, quoiqu'il eût des gants, approcha, non sans dégoût, sa main de celle du jésuite, la secoua quelque peu, en répétant d'une voix plus élevée :

— Mon révérend et très-cher Père, répondez-moi, je vous en conjure.

Rodin ne put réprimer un mouvement d'impatience courroucée, mais il continua de rester muet.

Le cardinal n'était pas homme à se rebuter de si peu ; il secoua de nouveau et un peu plus fort le bras du jésuite, en répétant avec une ténacité flegmatique qui eût mis hors des gonds l'homme le plus patient du monde :

— Mon révérend et cher Père, puisque vous ne dormez pas,... écoutez-moi, je vous en prie...

Aigri par la douleur, exaspéré par l'opiniâtreté du prélat, Rodin retourna brusquement la tête, attacha sur le Romain ses yeux caves, brillant d'un feu sombre, et, les lèvres contractées par un sourire sardonique, il dit avec amertume :

— Vous tenez donc bien, monseigneur, à me voir embaumé,... comme vous disiez tout à l'heure, et exposé en chapelle ardente, pour venir ainsi tourmenter mon agonie et hâter ma fin !

— Moi, mon cher Père ?... Grand Dieu !... que dites-vous là ?

Et le cardinal leva les mains au ciel, comme pour le prendre à témoin du tendre intérêt qu'il portait au jésuite.

— Je dis ce que j'ai entendu tout à l'heure, monseigneur, car cette cloison est mince —

ajouta Rodin avec un redoublement d'amertume.

— Si, par là, vous voulez dire que de toutes les forces de mon âme je vous ai désiré... je vous désire une fin toute chrétienne et exemplaire,... oh! vous ne vous trompez pas, mon très-cher Père!... vous m'avez parfaitement entendu, car il me serait très-doux de vous voir, après une vie si bien remplie, un sujet d'adoration pour les fidèles.

— Et moi je vous dis, monseigneur — s'écria Rodin d'une voix faible et saccadée — je vous dis qu'il y a de la férocité à émettre de pareils vœux en présence d'un malade dans un état désespéré; oui — reprit-il avec une animation croissante qui contrastait avec son accablement — qu'on y prenne garde, entendez-vous, car... si l'on m'obsède... si l'on me harcèle sans cesse... si l'on ne me laisse pas râler tranquillement mon agonie... on me forcera de mourir d'une façon peu chrétienne;... je vous en avertis;... et si l'on compte sur un spectacle édifiant pour en tirer profit, on a tort...

Cet accès de colère ayant douloureusement

fatigué Rodin, il laissa retomber sa tête sur son oreiller, et essuya ses lèvres gercées et saignantes avec son mouchoir à tabac.

— Allons, allons, calmez-vous, mon très-cher Père — reprit le cardinal d'un air paterne ; — n'ayez pas de ces idées funestes. Sans doute, la Providence a sur vous de grands desseins, puisqu'elle vous a déjà délivré d'un grand péril... Espérons qu'elle vous sauvera encore de celui qui vous menace à cette heure.

Rodin répondit par un rauque murmure en se retournant vers la ruelle.

L'imperturbable prélat continua :

— A votre salut ne se sont pas bornées les vues de la Providence, mon très-cher Père ; elle a encore manifesté sa puissance d'une autre façon... Ce que je vais vous dire est de la plus haute importance ; écoutez-moi bien attentivement.

Rodin, sans se retourner, dit d'un ton amèrement courroucé qui trahissait une souffrance réelle :

— Ils veulent ma mort,... j'ai la poitrine en feu,... la tête brisée,... et ils sont sans pitié... Oh! je souffre comme un damné...

— Déjà... — dit tout bas le Romain en souriant malicieusement de ce sarcasme; puis il reprit tout haut :

— Permettez-moi d'insister, mon très-cher Père... Faites un petit effort pour m'écouter, vous ne le regretterez pas.

Rodin, toujours étendu sur son lit, leva au ciel sans mot dire, mais d'un geste désespéré, ses deux mains jointes et crispées sur son mouchoir à tabac, puis ses bras retombèrent affaissés le long de son corps.

Le cardinal haussa légèrement les épaules et accentua lentement les paroles suivantes afin que Rodin n'en perdît aucune :

— Mon cher Père, la Providence a voulu que, pendant votre accès de délire, vous fissiez à votre insu des révélations très-importantes.

Et le prélat attendit avec une inquiète curiosité le résultat du pieux guet-apens qu'il tendait à l'esprit affaibli du jésuite.

Mais celui-ci, toujours tourné vers la ruelle, ne parut pas l'avoir entendu et resta muet.

— Vous réfléchissez sans doute à mes paroles, mon cher Père — reprit le cardinal.
— Vous avez raison, car il s'agit d'un fait bien grave; oui, je vous le répète, la Providence a permis que, pendant votre délire, votre parole trahît vos pensées les plus secrètes, en me révélant, heureusement à moi seul... des choses qui vous compromettent de la manière la plus grave... Bref, pendant votre accès de délire de cette nuit, qui a duré près de deux heures, vous avez dévoilé le but caché de vos intrigues à Rome avec plusieurs membres du sacré collége.

Et le cardinal, se levant doucement, allait se pencher sur le lit afin d'épier l'expression de la physionomie de Rodin...

Celui-ci ne lui en donna pas le temps.

Ainsi qu'un cadavre soumis à l'action de la pile voltaïque se meut par soubresauts brusques et étranges, ainsi Rodin bondit dans son lit, se retourna et se redressa droit sur son séant en entendant les derniers mots du prélat.

— Il s'est trahi... — dit le cardinal à voix basse et en italien.

Puis se rasseyant brusquement, il attacha sur le jésuite des yeux étincelants d'une joie triomphante.

Quoiqu'il n'eût pas entendu l'exclamation du Malipieri, quoiqu'il n'eût pas remarqué l'expression glorieuse de sa physionomie, Rodin, malgré sa faiblesse, comprit la grave imprudence de son premier mouvement trop significatif... Il passa lentement la main sur son front, comme s'il eût éprouvé une sorte de vertige; puis il jeta autour de lui des regards confus, effarés, en portant à ses lèvres tremblantes son vieux mouchoir à tabac, qu'il mordit machinalement pendant quelques secondes.

— Votre vive émotion, votre effroi me confirment, hélas! la triste découverte que j'ai faite — reprit le cardinal de plus en plus triomphant du succès de sa ruse, et se voyant sur le point de pénétrer enfin un secret si important; — aussi maintenant, mon très-cher Père — ajouta-t-il — vous comprendrez qu'il est pour vous d'un intérêt capital d'entrer dans les plus minutieux détails sur vos projets et sur vos complices à

Rome; de la sorte, mon cher Père, vous pouvez espérer en l'indulgence du saint-siége, surtout si vos aveux sont assez explicites, assez circonstanciés pour remplir quelques lacunes, d'ailleurs inévitables, dans une révélation faite durant l'ardeur d'un délire fiévreux.

Rodin, revenu de sa première émotion, s'aperçut, mais trop tard, qu'il avait été joué et qu'il s'était gravement compromis, non par ses paroles, mais par un mouvement de surprise et d'effroi dangereusement significatif.

En effet, le jésuite avait craint un instant de s'être trahi pendant son délire en s'entendant accuser d'intrigues ténébreuses avec Rome; mais, après quelques minutes de réflexion, le jésuite, malgré l'affaiblissement de son esprit, se dit avec beaucoup de sens :

« Si ce rusé Romain avait mon secret, il se garderait bien de m'en avertir; il n'a donc que des soupçons, aggravés par le mouvement involontaire que je n'ai pu réprimer tout à l'heure. »

Et Rodin essuya la sueur froide qui coulait de son front brûlant. L'émotion de cette scène augmentait ses souffrances et empirait encore son état, déjà si alarmant. Brisé de fatigue, il ne put rester plus long-temps assis dans son lit et se rejeta en arrière sur son oreiller.

— *Per Bacco!* — se dit tout bas le cardinal effrayé de l'expression de la figure du jésuite — s'il allait trépasser avant d'avoir rien dit, et échapper ainsi à mon piége si habilement tendu?

Et se penchant vivement vers Rodin, le prélat lui dit :

— Qu'avez-vous donc, mon très-cher Père?

— Je me sens affaibli, monseigneur;... ce que je souffre... ne peut s'exprimer...

— Espérons, mon très-cher Père, que cette crise n'aura rien de fâcheux;... mais le contraire pouvant arriver, il y va du salut de votre âme de me faire à l'instant les aveux les plus complets... les plus détaillés :... dussent ces aveux épuiser vos forces,... la vie éternelle... vaut mieux que cette vie périssable.

— De quels aveux voulez-vous parler, monseigneur ? — dit Rodin d'une voix faible et d'un ton sardonique.

— Comment ! de quels aveux ? — s'écria le cardinal stupéfait. — Mais de vos aveux sur les dangereuses intrigues que vous avez nouées à Rome.

— Quelles intrigues ? — demanda Rodin.

— Mais les intrigues que vous avez révélées pendant votre délire — reprit le prélat avec une impatience de plus en plus irritée. — Vos aveux n'ont-ils pas été assez explicites ? Pourquoi donc maintenant cette coupable hésitation à les compléter ?

— Mes aveux ont été... explicites ?... vous m'en assurez ?... — dit Rodin en s'interrompant presque après chaque mot, tant il était oppressé. Mais l'énergie de sa volonté, sa présence d'esprit ne l'abandonnaient pas encore.

— Oui, je vous le répète — reprit le cardinal — sauf quelques lacunes vos aveux ont été des plus explicites.

— Alors... à quoi bon... vous les répéter ?
— Et le même sourire ironique effleura les lèvres bleuâtres de Rodin.

— A quoi bon ? — s'écria le prélat courroucé.—A mériter le pardon ; car, si l'on doit indulgence et rémission au pécheur repentant qui avoue ses fautes, on ne doit qu'anathème et malédiction au pécheur endurci.

— Oh !... quelle torture !... c'est mourir à petit feu — murmura Rodin ; et il reprit :

— Puisque j'ai tout dit... je n'ai rien à vous apprendre... vous savez tout...

— Je sais tout... Oui, sans doute, je sais tout — reprit le prélat d'une voix foudroyante — mais comment ai-je été instruit? Par des aveux que vous faisiez sans avoir seulement la conscience de votre action, et vous pensez que cela vous sera compté... Non... non... croyez-moi, le moment est solennel, la mort vous menace, oui ! elle vous menace ;... tremblez donc... de faire un mensonge sacrilége — s'écria le prélat de plus en plus courroucé et secouant rudement le bras de Rodin ; — redoutez les flammes éternelles si vous osez nier ce que vous savez être la vérité... Le niez-vous?...

— Je ne nierai rien — articula péniblement Rodin ; — mais laissez-moi en repos.

— Enfin, Dieu vous inspire — dit le cardinal avec un soupir de satisfaction.

Et croyant toucher à son but, il reprit :

— Écoutez la voix du Seigneur ; elle vous guidera sûrement, mon cher Père : ainsi vous ne niez rien ?

— J'avais... le délire,... je... ne... puis... donc... nier... (oh ! que je souffre ! — ajouta Rodin en forme de parenthèse). — Je ne puis donc nier... les folies que j'aurais dites... pendant mon délire...

— Mais quand ces prétendues folies sont d'accord avec la réalité — s'écria le prélat... furieux d'être de nouveau trompé dans son attente — mais quand le délire est une révélation involontaire... providentielle...

— Cardinal Malipieri... votre ruse... n'est pas même... à la hauteur de mon agonie — reprit Rodin d'une voix éteinte. — La preuve que je n'ai pas dit mon secret,... si j'ai un secret,... c'est que vous voudriez... me... le faire dire...

Et le jésuite, malgré ses douleurs, malgré sa faiblesse croissante, eut la force de se lever à demi sur son lit, de regarder le prélat bien en face et de le narguer par un sourire d'une ironie diabolique.

Après quoi, Rodin retomba étendu sur son oreiller en portant ses deux mains crispées à sa poitrine et poussant un long soupir d'angoisse.

— Malédiction!... Cet infernal jésuite m'a deviné; — se dit le cardinal en frappant du pied avec rage — il s'est aperçu que son premier mouvement l'avait compromis, il est maintenant sur ses gardes... Je n'en obtiendrai rien... à moins de profiter de la faiblesse où le voilà, et à force d'obsessions... de menaces... d'épouvante...

Le prélat ne put achever; la porte s'ouvrit brusquement et le P. d'Aigrigny entra en s'écriant avec une explosion de joie indicible :

— Excellente nouvelle!...

CHAPITRE XII.

LA BONNE NOUVELLE.

A l'altération des traits du Père d'Aigrigny, à sa pâleur, à la faiblesse de sa démarche, on voyait que la terrible scène du parvis Notre-Dame avait eu sur sa santé une réaction violente. Néanmoins, sa physionomie devint radieuse et triomphante lorsque, entrant dans la chambre de Rodin, il s'écria :

— Excellente nouvelle !

A ces mots, Rodin tressaillit ; malgré son accablement, il redressa brusquement la tête ; ses yeux brillèrent, curieux, inquiets, pénétrants ; de sa main décharnée faisant signe au P. d'Aigrigny d'approcher de son lit, il lui dit d'une voix si entrecoupée, si faible, qu'on l'entendait à peine :

— Je me sens très-mal... Le cardinal m'a presque achevé... Mais si cette excellente nouvelle... avait trait à l'affaire Rennepont..., dont la pensée me dévore... et dont on ne me parle pas,... il me semble... que je serais sauvé.

— Soyez donc sauvé! s'écria le P. d'Aigrigny oubliant les recommandations du docteur Baleinier, qui s'était jusqu'alors opposé à ce que l'on entretînt Rodin de graves intérêts.

— Oui — répéta le P. d'Aigrigny — soyez sauvé,... lisez,... et glorifiez-vous : ce que vous aviez annoncé commence à se réaliser.

Ce disant, il tira de sa poche un papier, et le remit à Rodin, qui le saisit d'une main avide et tremblante.

Quelques minutes auparavant, Rodin eût été réellement incapable de poursuivre son entretien avec le cardinal, lors même que la prudence lui eût permis de le continuer; il cût été tout aussi incapable de lire une seule ligne, tant sa vue était troublée, voilée;... pourtant, aux paroles du P. d'Aigrigny, il ressentit un tel élan, un tel espoir, que, par un tout-puissant effort d'énergie et de volonté, il se dressa sur son séant, et, l'esprit libre, le regard intelligent, animé, il lut rapidement le papier que le P. d'Aigrigny venait de lui remettre.

Le cardinal, stupéfait de cette transfiguration soudaine, se demandait s'il voyait bien le même homme qui, quelques minutes auparavant, venait de tomber gisant sur son lit, presque sans connaissance.

A peine Rodin eut-il lu, qu'il poussa un cri de joie étouffé, en disant avec un accent impossible à rendre :

— Et d'UN !... Ça commence... ça va !...

Et fermant les yeux dans une sorte de ravissement extatique, un sourire d'orgueilleux triomphe épanouit ses traits et les rendit plus hideux encore en découvrant ses dents jaunes et déchaussées. Son émotion fut si vive, que le papier qu'il venait de lire tomba de sa main frémissante.

— Il perd connaissance — s'écria le P. d'Aigrigny avec inquiétude en se penchant vers Rodin. — C'est ma faute, j'ai oublié que le docteur m'avait défendu de l'entretenir d'affaires sérieuses.

— Non,.. non,.. ne vous reprochez rien — dit Rodin à voix basse en se relevant à demi sur son séant, afin de rassurer le R. P. — Cette joie si inattendue causera... peut-être... ma guérison ; oui..., je ne sais ce que j'éprouve ;... mais tenez, regardez mes joues ; il me semble que, pour la première fois depuis que je suis cloué sur ce lit de misère, elles se colorent un peu ;... j'y sens presque de la chaleur.

Rodin disait vrai.

Une moite et légère rougeur se répandit tout à coup sur ses joues livides et glacées ; sa voix même, quoique toujours bien faible, devint moins chevrotante, et il s'écria avec un accent de conviction si exalté, que le P. d'Aigrigny et le prélat en tressaillirent :

— Ce premier succès répond des autres ;.. je lis dans l'avenir ;... oui, oui... — ajouta Rodin d'un air de plus en plus inspiré —

notre cause triomphera... tous les membres de l'exécrable famille Rennepont seront écrasés, et cela avant peu;... vous verrez,... vous...

Puis, s'interrompant, Rodin se rejeta sur son oreiller en disant :

— Oh! la joie me suffoque... la voix me manque.

— De quoi s'agit-il donc? — demanda le cardinal au P. d'Aigrigny.

Celui-ci répondit d'un ton hypocritement pénétré :

— Un des héritiers de la famille Rennepont, un misérable artisan, usé par les excès et par la débauche, est mort, il y a trois jours, à la suite d'une abominable orgie, dans laquelle on avait bravé le choléra avec une impiété sacrilége... Aujourd'hui seulement, à cause de l'indisposition qui m'a retenu chez moi... et d'une autre circonstance, j'ai pu avoir en ma possession l'acte de décès bien en règle de cette victime de l'intempérance et de l'irréligion. Du reste je le proclame à la louange de Sa Révérence (il montra Rodin), qui avait dit : « Les pires ennemis que

» peuvent avoir les descendants de cet infâme
» renégat sont leurs passions mauvaises...
» Qu'elles soient donc nos auxiliaires contre
» cette race impie... » Il vient d'en être ainsi
pour ce Jacques Rennepont.

— Vous le voyez — reprit Rodin d'une voix si épuisée qu'elle devint bientôt presque inintelligible — la punition commence déjà :... un... des Rennepont est mort... et... songez-y bien... cet acte de décès... — ajouta le jésuite en montrant le papier que le P. d'Aigrigny tenait à la main — vaudra un jour quarante millions à la Compagnie de Jésus... et cela... parce que... je vous... ai...

Les lèvres de Rodin achevèrent seules sa phrase. Depuis quelques instants, le son de sa voix s'était tellement voilé, qu'il finit par n'être plus perceptible et s'éteignit complétement ; son larynx, contracté par une émotion violente, ne laissa plus sortir aucun accent.

Le jésuite, loin de s'inquiéter de cet incident, acheva pour ainsi dire sa phrase par une pantomime expressive ; redressant fièrement la tête, la face hautaine et fière, il frappa deux ou trois fois son front du bout de son index, exprimant ainsi que c'était à son esprit, à sa direction, que l'on devait ce premier résultat si heureux.

Mais bientôt Rodin retomba brisé sur sa couche, épuisé, haletant, affaissé, en portant son mouchoir à ses lèvres desséchées ; cette *heureuse nouvelle*, ainsi que disait le P. d'Aigrigny, n'avait pas guéri Rodin ; pendant un moment seulement il avait eu le courage d'oublier ses douleurs ; aussi la légère rougeur dont ses joues s'étaient quelque peu colorées, disparut bientôt ; son visage redevint livide ; ses souffrances, un moment suspendues, redoublèrent tellement de violence, qu'il se tordit convulsivement sous ses couvertures, se mit le visage à plat sur son oreiller en étendant au-dessus de sa tête ses deux bras crispés, roides comme des barres de fer

Après cette crise aussi intense que rapide, pendant laquelle le P. d'Aigrigny et le prélat s'empressèrent autour de lui, Rodin, dont la figure était baignée d'une sueur froide, leur fit signe qu'il souffrait moins, et qu'il désirait boire d'une potion qu'il indiqua du geste, sur sa table de nuit. Le P. d'Aigrigny alla la chercher, et pendant que le cardinal, avec un dégoût très-évident, soutenait Rodin, le P. d'Aigrigny administra au malade quelques cuillerées de potion, dont l'effet immédiat fut assez calmant.

— Voulez-vous que j'appelle M. Rousselet? — dit le P. d'Aigrigny à Rodin lorsque celui-ci fut de nouveau étendu dans son lit.

— Rodin secoua négativement la tête; puis, faisant un nouvel effort, il souleva sa main droite, l'ouvrit toute grande, y promena son index gauche; il fit signe au P. d'Aigrigny, en lui montrant du regard un bureau placé dans un coin de la chambre, que, ne pouvant plus parler, il désirait écrire.

— Je comprends toujours Votre Révérence — lui dit le P. d'Aigrigny; — mais d'abord calmez-vous. Tout à l'heure, si besoin est, je vous donnerai ce qu'il vous faut pour écrire.

Deux coups frappés fortement, non pas à la porte de la chambre de Rodin, mais à la porte extérieure de la pièce voisine, interrompirent cette scène; par prudence, et pour que son entretien avec Rodin fût plus secret, le P. d'Aigrigny avait prié M. Rousselet de se tenir dans la première des trois chambres.

Le P. d'Aigrigny, après avoir traversé la seconde pièce, ouvrit la porte de l'antichambre, où il trouva M. Rousselet, qui lui remit une enveloppe assez volumineuse en lui disant :

— Je vous demande pardon de vous avoir dérangé, mon Père, mais l'on m'a dit de vous remettre ces papiers à l'instant même.

— Je vous remercie, monsieur Rousselet — dit le P. d'Aigrigny; puis il ajouta : — Savez-vous à quelle heure M. Baleinier doit revenir ?

— Mais il ne tardera pas, mon Père... car il veut faire avant la nuit l'opération si douloureuse qui doit avoir un effet décisif sur l'état du P. Rodin, et je prépare ce qu'il faut pour cela — ajouta M. Rousselet en montrant un appareil étrange, formidable, que le P. d'Aigrigny considéra avec une sorte d'effroi.

— Je ne sais si ce symptôme est grave —

dit le jésuite — mais le R. P. vient d'être subitement frappé d'une extinction de voix.

— C'est la troisième fois depuis huit jours que cet accident se renouvelle—dit M. Rousselet — et l'opération de M. Baleinier agira sur le larynx comme sur les poumons.

— Et cette opération, est-elle bien douloureuse ? — demanda le P. d'Aigrigny.

— Je ne crois pas qu'il y en ait de plus cruelle dans la chirurgie — dit l'élève ; — aussi M. Baleinier en a caché l'importance au P. Rodin.

— Veuillez continuer d'attendre ici M. Baleinier, et nous l'envoyer dès qu'il arrivera— reprit le P. d'Aigrigny ; et il retourna dans la chambre du malade. S'asseyant alors à son chevet, il lui dit en lui montrant la lettre :

— Voici plusieurs rapports contradictoires relatifs à différentes personnes de la famille Rennepont qui m'ont paru mériter une surveillance spéciale ,... mon indisposition ne m'ayant pas permis de rien voir par moi-même depuis quelques jours... car je me lève aujourd'hui pour la première fois ;... mais je ne sais, mon Père — ajouta-t-il en s'adressant à Rodin — si votre état vous permet d'entendre...

Rodin fit un geste à la fois si suppliant et si désespéré, que le P. d'Aigrigny sentit qu'il y aurait au moins autant de danger à se refuser au désir de Rodin qu'à s'y rendre ; se tournant donc vers le cardinal toujours inconsolable de n'avoir pu subtiliser le secret du jésuite, il lui dit avec une respectueuse déférence en lui montrant la lettre :

— Votre Éminence permet-elle ?

Le prélat inclina la tête et répondit :

— Vos affaires sont aussi les nôtres, mon cher Père, et l'Église doit toujours se réjouir de ce qui réjouit votre glorieuse compagnie.

Le P. d'Aigrigny décacheta l'enveloppe ; plusieurs notes d'écritures différentes y étaient renfermées.

Après avoir lu la première, ses traits se rembrunirent tout à coup, et il dit d'une voix grave et pénétrée :

— C'est un malheur... un grand malheur...

Rodin tourna vivement la tête vers lui, et le regarda d'un air inquiet et interrogatif...

— Florine est morte du choléra — reprit le P. d'Aigrigny. Et ce qu'il y a de fâcheux — ajouta le R. P. en froissant la note entre ses mains — c'est qu'avant de mourir cette misérable créature a avoué à mademoiselle de Cardoville que depuis long-temps elle l'espionnait d'après les ordres de Votre Révérence...

Sans doute la mort de Florine et les aveux qu'elle avait faits à sa maîtresse contrariaient les projets de Rodin, car il fit entendre une sorte de murmure inarticulé, et, malgré leur abattement, ses traits exprimèrent une violente contrariété.

Le P. d'Aigrigny, passant à une autre note, la lut et dit :

— Cette note relative au maréchal Simon n'est pas absolument mauvaise ; mais elle est loin d'être satisfaisante, car, somme toute, elle annonce quelque amélioration dans sa position. Nous verrons d'ailleurs, par des renseignements d'une autre source, si cette note mérite toute créance.

Rodin, d'un geste impatient et brusque,

fit signe au P. d'Aigrigny de se hâter de lire.

Et le R. P. lut ce qui suit :

« On assure que, depuis peu de jours, l'es-
» prit du maréchal paraît moins chagrin,
» moins inquiet, moins agité ; il a passé
» dernièrement deux heures avec ses filles, ce
» qui, depuis assez long-temps, ne lui était
» pas arrivé. La dure physionomie de son
» soldat Dagobert se déridant de plus en
» plus... on peut regarder ce symptôme
» comme la preuve certaine d'une améliora-
» tion sensible dans l'état du maréchal.

» Reconnues à leur écriture, les dernières
» lettres anonymes ayant été rendues au fac-
» teur par le soldat Dagobert sans avoir été
» ouvertes par le maréchal, on avisera aux
» moyens de les faire parvenir d'une autre
» manière. »

Puis, regardant Rodin, le P. d'Aigrigny, lui dit :

— Votre Révérence juge sans doute comme moi que cette note pourrait être plus satisfaisante?...

Rodin baissa la tête. On lisait sur sa physionomie crispée combien il souffrait de ne pouvoir parler ; par deux fois il porta la main à son gosier en regardant le P. d'Aigrigny avec angoisse.

— Ah !... — s'écria le P. d'Aigrigny avec colère et amertume, après avoir parcouru une autre note — pour une heureuse chance... ce jour en a de bien funestes !...

A ces mots, se tournant vivement vers le P. d'Aigrigny, étendant vers lui ses mains tremblantes, Rodin l'interrogea du geste et du regard.

Le cardinal, partageant la même inquiétude, dit au P. d'Aigrigny :

— Que vous apprend donc cette note, mon cher Père ?

— On croyait le séjour de M. Hardy, dans notre maison, complétement ignoré — reprit le P. d'Aigrigny — et l'on craint qu'Agricol Baudoin n'ait découvert la demeure de son ancien patron, et qu'il ne lui ait fait tenir une lettre par l'entremise d'un homme de la maison... Ainsi — ajouta le P. d'Aigrigny avec colère — pendant ces trois jours, où il m'a été impossible d'aller voir M. Hardy dans le pavillon qu'il habite, un de ses servants se serait donc laissé corrompre... Il y a parmi eux un borgne, dont je me suis toujours défié,... le misérable... Mais non, je ne veux pas croire à cette trahison ; ses suites seraient trop déplorables, car je sais mieux que personne où en sont les choses, et je déclare qu'une pareille correspondance pourrait tout perdre, en réveillant chez M. Hardy des souvenirs, des idées à grand'peine endormies ; on ruinerait peut-être ainsi en un seul jour tout ce que j'ai fait depuis qu'il habite notre maison de retraite ;... mais heureusement il s'agit seulement dans cette note de doutes, de craintes, et les autres renseignements, que je crois plus certains, ne les confirmeront pas, je l'espère.

— Mon cher Père — dit le cardinal — il ne faut pas encore désespérer... la bonne cause a toujours l'appui du Seigneur.

Cette assurance semblait médiocrement rassurer le P. d'Aigrigny, qui restait pensif, accablé, pendant que Rodin, étendu sur son lit de douleur, tressaillait convulsivement, dans un accès de colère muette, en songeant à ce nouvel échec.

— Voyons cette dernière note — dit le P. d'Aigrigny après un moment de silence méditatif. — J'ai assez de confiance dans la personne qui me l'envoie pour ne pas douter de la rigoureuse exactitude des renseignements qu'lle contient. Puissent-ils contredire absolument les autres !

Afin de ne pas interrompre l'enchaînement des faits contenus dans cette dernière note, qui devait si terriblement impressionner les acteurs de cette scène, nous laisserons le lecteur suppléer par son imagination à toutes les exclamations de surprise, de rage, de haine, de crainte du P. d'Aigrigny, et à l'effrayante pantomime de Rodin, pendant la lecture de ce document redoutable, résultat des observations d'un agent fidèle et secret des RR. PP.

CHAPITRE XIII.

LA NOTE SECRÈTE.

Le P. d'Aigrigny lut donc ce qui suit :
« Il y a trois jours, l'abbé Gabriel de Ren-
» nepont, qui n'était jamais allé chez made-
» moiselle de Cardoville, est arrivé à l'hôtel
» de cette demoiselle à une heure et demie de
» l'après midi; il y est resté jusqu'à près de
» cinq heures.
  » Presque aussitôt après le départ de l'abbé,
» deux domestiques sont sortis de l'hôtel;
» l'un s'est rendu chez M. le maréchal Simon,
» l'autre chez Agricol Baudoin, l'ouvrier for-
» geron, et ensuite chez le prince Djalma...

» Hier, vers les midi, le maréchal Simon
» et ses deux filles sont venus chez mademoi-
» selle de Cardoville; peu de temps après,
» l'abbé Gabriel s'y est aussi rendu accom-
» pagné d'Agricol Baudoin.

» Une longue conférence a eu lieu entre
» ces différents personnages et mademoiselle
» de Cardoville; ils sont restés chez elle jus-
» qu'à trois heures et demie.

» Le maréchal Simon, qui était venu en
» voiture, s'en est allé à pied avec ses deux
» filles; tous trois semblaient très-satisfaits,
» et on a même vu, dans une des allées
» écartées des Champs-Élysées, le maréchal
« Simon embrasser ses deux filles avec expan-
» sion et attendrissement.

» L'abbé Gabriel de Rennepont et Agricol
» Baudoin sont sortis les derniers.

» L'abbé Gabriel est rentré chez lui, ainsi
» qu'on l'a su plus tard; le forgeron, que
» l'on avait plusieurs motifs de surveiller,
» s'est rendu chez un marchand de vins de
» la rue de la Harpe. On y est entré sur ses
» pas; il a demandé une bouteille de vin,
« et s'est assis dans un coin reculé du cabinet

» du fond, à main gauche; il ne buvait pas
» et semblait vivement préoccupé; on a sup-
» posé qu'il attendait quelqu'un.

» En effet, au bout d'une demi-heure est
» arrivé un homme de trente ans environ,
» brun, de taille élevée, borgne de l'œil
» gauche, vêtu d'une redingote marron et
» d'un pantalon noir; il avait la tête nue.
» Il devait venir d'un endroit voisin. Cet
» homme s'est attablé avec le forgeron.

» Une conversation assez animée, mais
» dont on n'a pu malheureusement rien en-
» tendre, s'est engagée entre ces deux indi-
» vidus. Au bout d'une demi-heure environ,
» Agricol Baudoin a mis dans la main de
» l'homme borgne un petit paquet qui a
» paru devoir contenir de l'or, vu son peu
» de volume et l'air de profonde gratitude
» de l'homme borgne, qui a ensuite reçu
» d'Agricol Baudoin, avec beaucoup d'em-
» pressement, une lettre que celui-ci parais-
» sait lui recommander très-instamment, et
» que l'homme borgne a mise soigneusement
» dans sa poche; après quoi, tous deux se

» sont séparés, et le forgeron a dit : A de-
» main.

» Après cette entrevue, on a cru devoir
» particulièrement suivre l'homme borgne;
» il a quitté la rue de la Harpe, a traversé le
» Luxembourg et est entré dans la maison
» de retraite de la rue de Vaugirard.

» Le lendemain on s'est rendu de très-
» bonne heure aux environs du cabaret de la
» rue de la Harpe, car on ignorait l'heure
» du rendez-vous donné la veille à l'homme
» borgne par Agricol; on a attendu jusqu'à
» une heure et demie, le forgeron est arrivé.

» Comme l'on s'était rendu à peu près
» méconnaissable, dans la crainte d'être re-
» marqué, on a pu, ainsi que la veille,
» entrer dans le cabaret et s'attabler assez
» près du forgeron sans lui donner d'om-
» brage; bientôt l'homme borgne est venu,
» et lui a remis une lettre cachetée en noir.

» A la vue de cette lettre, Agricol Baudoin
» a paru si ému, qu'avant même de la lire,
» on a vu distinctement une larme tomber
» sur ses moustaches.

» La lettre était fort courte, car le forge-

» ron n'a pas mis deux minutes à la lire ; mais,
» néanmoins, il en a paru si content, si
» heureux, qu'il a bondi de joie sur son
« banc, et a cordialement serré la main de
» l'homme borgne ; puis il a paru lui de-
» mander instamment quelque chose, que
» celui-ci refusait. Enfin il a semblé céder,
» et tous deux sont sortis du cabaret.

» On les a suivis de loin ; comme hier,
» l'homme borgne est entré dans la maison
» signalée rue de Vaugirard. Agricol, après
» l'avoir accompagné jusqu'à la porte, a long-
» temps rôdé autour des murs, semblant
» étudier les localités ; de temps à autre, il
» écrivait quelques mots sur un carnet.

» Le forgeron s'est ensuite dirigé en toute
» hâte vers la place de l'Odéon, où il a pris
» un cabriolet. On l'a imité, on l'a suivi, et
» il s'est rendu rue d'Anjou, chez mademoi-
» selle de Cardoville.

» Par un heureux hasard, au moment où
» l'on venait de voir Agricol entrer dans
» l'hôtel, une voiture, à la livrée de made-
» moiselle de Cardoville, en sortait ; l'écuyer
» de cette demoiselle s'y trouvait avec un

» homme de fort mauvaise mine, misérable-
» ment vêtu et très-pâle.

» Cet incident, assez extraordinaire, mé-
» ritant quelque attention, on n'a pas perdu
» de vue cette voiture; elle s'est directement
» rendue à la Préfecture de police.

» L'écuyer de mademoiselle de Cardoville
» est descendu de voiture avec l'homme de
» mauvaise mine; tous deux sont entrés au
» bureau des agents de surveillance; au bout
» d'une demi-heure, l'écuyer de mademoi-
» selle de Cardoville est ressorti seul, et,
» montant en voiture, s'est fait conduire au
» Palais-de-Justice, où il est entré au parquet
» du procureur du roi; il est resté là environ
» une demi-heure, après quoi il est revenu,
» rue d'Anjou, à l'hôtel de Cardoville.

» On a su, par une voie parfaitement sûre,
» que le même jour, sur les huit heures du
» soir, MM. d'Ormesson et de Valbelle, avo-
» cats très-distingués, et le juge d'instruction
» qui a reçu la plainte en séquestration de
» mademoiselle de Cardoville, lorsqu'elle
» était retenue chez M. le docteur Baleinier,
» ont eu avec cette demoiselle, à l'hôtel de

» Cardoville, une conférence qui s'est pro-
» longée jusqu'à près de minuit, et à laquelle
» assistaient Agricol Baudoin et deux autres
» ouvriers de la fabrique de M. Hardy.

» Aujourd'hui, le prince Djalma s'est rendu
» chez le maréchal Simon ; il y est resté trois
» heures et demie; au bout de ce temps, le
» maréchal et le prince se sont rendus, selon
» toute apparence, chez mademoiselle de
» Cardoville, car leur voiture s'est arrêtée à
» sa porte, rue d'Anjou ; un accident im-
» prévu a empêché de compléter ce dernier
» renseignement.

» On vient d'apprendre qu'un mandat
» d'amener vient d'être lancé contre le
» nommé Léonard, ancien factotum de M. le
» baron Tripeaud. Ce Léonard est soupçonné
» d'être l'auteur de l'incendie de la fabrique
» de M. François Hardy : Agricol Baudoin
» et deux de ses camarades ayant signalé un
» homme qui offre une ressemblance frap-
» pante avec Léonard.

» De tout ceci il résulte évidemment que,
» depuis peu de jours, l'hôtel de Cardoville
» est le foyer où aboutissent et d'où rayon-

» nent les démarches les plus actives, les plus
» multipliées, qui semblent toujours graviter
» autour de M. le maréchal Simon, de ses
» filles et de M. François Hardy, démarches
» dont mademoiselle de Cardoville, l'abbé
» Gabriel, Agricol Baudoin sont les agents
» les plus infatigables et, on le craint, les
» plus dangereux. »

En rapprochant cette note des autres renseignements et en se rappelant le passé, il en résultait des découvertes accablantes pour les RR. PP. Ainsi :

Gabriel avait eu de fréquentes et longues conférences avec Adrienne, qui jusqu'alors lui était inconnue.

Agricol Baudoin s'était mis en rapport avec M. François Hardy, et la justice était sur la trace des fauteurs et incitateurs de l'émeute qui avait ruiné et incendié la fabrique du concurrent du baron Tripeaud.

Il paraissait presque certain que mademoiselle de Cardoville avait eu une entrevue avec le prince Djalma.

Cet ensemble de faits prouvait évidemment que, fidèle à la menace qu'elle avait faite à Rodin, lorsque la double perfidie du R. P. avait été démasquée, mademoiselle de Cardoville s'occupait activement de réunir autour d'elle les membres dispersés de sa famille, afin de les engager à se liguer contre l'ennemi dangereux dont les détestables projets, étant ainsi dévoilés et hardiment combattus, ne devaient plus avoir aucune chance de réussite.

On comprend maintenant quel dut être le foudroyant effet de cette note sur le P. d'Aigrigny et sur Rodin... sur Rodin agonisant, cloué sur un lit de douleur et réduit à l'impuissance alors qu'il voyait tomber pièce à pièce son laborieux échafaudage.

CHAPITRE XIV.

L'OPÉRATION.

Nous avons renoncé à peindre la physionomie, l'attitude, le geste de Rodin pendant la lecture de la note qui semblait ruiner ses espérances depuis si long-temps caressées; tout allait lui manquer à la fois et au moment où une confiance presque surhumaine dans le succès de sa trame lui donnait assez d'énergie pour dompter encore la maladie. Sortant à peine d'une agonie douloureuse, une seule pensée, fixe, dévorante, l'avait agité jusqu'au délire. — Quel progrès en mal ou en bien avait fait pendant sa maladie cette affaire si immense pour lui? — On lui annonçait tout d'abord une nouvelle heureuse, la mort de Jacques; mais bientôt les avantages de ce décès, qui réduisait de sept à six le nombre des héritiers Rennepont, étaient anéantis. A quoi bon cette mort, puisque cette famille, dispersée, frappée isolément avec une persévérance si infernale, se réunissait, connaissant enfin les ennemis qui depuis si long-temps l'atteignaient dans l'ombre? Si tous ces cœurs blessés, meurtris, brisés se rapprochaient, se consolaient, s'éclairaient en se prêtant un ferme et mutuel appui, leur cause était gagnée, l'énorme héritage échappait aux RR. PP.

Que faire? que faire?

Étrange puissance de la volonté humaine! Rodin a encore un pied dans la tombe; il est presque agonisant; la voix lui manque; et pourtant, cet esprit opiniâtre et plein de ressources ne désespère pas encore; qu'un miracle lui rende aujourd'hui la santé, et cette inébranlable confiance dans la réussite de ses projets, qui lui a déjà donné le pouvoir de résister à une maladie à laquelle tant d'autres eussent succombé, cette confiance lui dit qu'il pourra encore remédier à tout;... mais il lui faut la santé, la vie...

La santé... la vie!!! et son médecin ignore s'il survivra ou non à tant de secousses... s'il pourra supporter une opération terrible. La santé... la vie... et tout à l'heure encore Rodin entendait parler des funérailles solennelles qu'on allait lui faire...

Eh bien! la santé, la vie, il les aura, il se le dit. Oui, il a voulu vivre jusque-là... et il a vécu... Pourquoi ne vivrait-il pas plus long-temps encore?...

Il vivra donc!... il le veut!...

Tout ce que nous venons d'écrire, Rodin, lui, l'avait pensé pour ainsi dire en une seconde.

Il fallait que ses traits, bouleversés par cette espèce de tourmente morale, révélassent quelque chose de bien étrange, car le P. d'Aigrigny et le cardinal le regardaient silencieux et interdits.

Une fois résolu de vivre afin de soutenir une lutte désespérée contre la famille Rennepont, Rodin agit en conséquence; aussi, pendant quelques instants, le P. d'Aigrigny et le prélat se crurent sous l'obsession d'un rêve.

Par un effort de volonté d'une énergie inouïe, et comme s'il eût été mu par un ressort, Rodin se précipita hors de son lit, emportant avec lui un drap qui traînait, comme un suaire, derrière ce corps livide et décharné... La chambre était froide; la sueur inondait le visage du jésuite, ses pieds nus et osseux laissaient leur moite empreinte sur le carreau.

— Malheureux... que faites-vous? c'est la mort! — s'écria le P. d'Aigrigny en se précipitant vers Rodin pour le forcer à se recoucher.

Mais celui-ci, étendant un de ses bras de squelette, dur comme du fer, repoussa au loin le P. d'Aigrigny avec une vigueur inconcevable si l'on songe à l'état d'épuisement où il était depuis long-temps.

— Il a la force d'un épileptique pendant son accès!... — dit au prélat le P. d'Aigrigny en se raffermissant sur ses jambes.

Rodin, d'un pas grave, se dirigea vers le

bureau où se trouvait ce qui était journellement nécessaire au docteur Baleinier pour formuler ses ordonnances; puis, s'asseyant devant cette table, le jésuite prit du papier, une plume et commença d'écrire d'une main ferme.

Ses mouvements calmes, lents et sûrs, avaient quelque chose de la mesure réfléchie que l'on remarque chez les somnambules.

Muets, immobiles, ne sachant s'ils rêvaient ou non, à la vue de ce prodige, le cardinal et le P. d'Aigrigny restèrent béants devant l'incroyable sang-froid de Rodin qui, demi-nu, écrivait avec une tranquillité parfaite.

Pourtant le P. d'Aigrigny s'avança vers lui et lui dit :

— Mais, mon Père... cela est insensé...

Rodin haussa les épaules, tourna la tête vers lui, et l'interrompant d'un geste, lui fit signe de s'approcher et de lire ce qu'il venait d'écrire.

Le R. P., s'attendant à voir les folles élucubrations d'un cerveau délirant, prit la feuille de papier pendant que Rodin commençait une autre note.

— Monseigneur!... — s'écria le P. d'Aigrigny — lisez ceci...

Le cardinal lut le feuillet; et le rendant au R. P., dont il partageait la stupeur :

— C'est rempli de raison, d'habileté, de ressources; on neutralisera ainsi le dangereux concert de l'abbé Gabriel et de mademoiselle de Cardoville, qui semblent, en effet, les meneurs les plus dangereux de cette coalition.

— En vérité, c'est miraculeux — dit le P. d'Aigrigny.

— Ah! mon cher Père — dit tout bas le cardinal frappé de ces mots du jésuite et en secouant la tête avec une expression de triste regret — quel dommage que nous soyons seuls témoins de ce qui se passe! quel excellent MIRACLE on aurait pu tirer de ceci!.. Un homme à l'agonie... ainsi transformé subitement!... En présentant la chose d'une certaine façon... ça vaudrait presque le Lazare.

— Quelle idée, monseigneur! — dit le P. d'Aigrigny à mi-voix — elle est parfaite, il n'y faut pas renoncer.... c'est très-acceptable et...

Cet innocent petit complot thaumaturgique fut interrompu par Rodin, qui, tournant la tête, fit signe au P. d'Aigrigny de s'approcher et lui remit un autre feuillet accompagné d'un petit papier où étaient écrits ces mots.

A exécuter avant une heure.

Le P. d'Aigrigny lut rapidement la nouvelle note et s'écria :

— C'est juste, je n'avais pas songé à cela ;... de la sorte, au lieu d'être funeste, la correspondance d'Agricol Baudoin et de M. Hardy peut avoir, au contraire, les meilleurs résultats. En vérité — ajouta le R. P. à voix basse en se rapprochant du prélat pendant que Rodin continuait à écrire — je reste confondu... je vois... je lis... et c'est à peine si je puis en croire mes yeux ;... tout à l'heure, brisé, mourant, et maintenant l'esprit aussi lucide, aussi pénétrant que jamais... Sommes-nous donc témoins d'un de ces phénomènes de somnambulisme, pendant lesquels l'âme seule agit et domine le corps ?

Soudain, la porte s'ouvrit; M. Baleinier entra vivement.

A la vue de Rodin, assis à son bureau, et

demi-nu, les pieds sur les carreaux, le docteur s'écria d'un ton de reproche et d'effroi :

— Mais, monseigneur... mais mon Père,... c'est un meurtre que de laisser ce malheureux-là dans cet état ; s'il est possédé d'un accès de fièvre chaude, il faut l'attacher dans son lit et lui mettre la camisole de force.

Ce disant, le docteur Baleinier s'approcha vivement de Rodin et lui saisit le bras : il s'attendait à trouver l'épiderme sec et glacé ; au contraire la peau était flexible, presque moite...

Le docteur, au comble de la surprise, voulut lui tâter le pouls de la main gauche, que Rodin lui abandonna tout en continuant d'écrire de la droite.

— Quel prodige ! — s'écria le docteur Baleinier, qui comptait les pulsations du pouls de Rodin ; — depuis huit jours, et ce matin encore, le pouls était brusque, intermittent, presque insensible, et le voici qui se relève, qui se règle ;... je m'y perds... Qu'est-il donc arrivé ?... Je ne puis croire à que je vois — demanda-t-il en se tournant du côté du P. d'Aigrigny et du cardinal.

— Le R. P., d'abord frappé d'une extinction de voix, a éprouvé ensuite un accès de désespoir si violent, si furieux, causé par de déplorables nouvelles — dit le P. d'Aigrigny — qu'un moment nous avons craint pour sa vie,... tandis qu'au contraire le R. P. a eu la force d'aller jusqu'à ce bureau où il écrit depuis dix minutes avec une clarté de raisonnement, une netteté d'expression dont vous nous voyez confondus, monseigneur et moi.

— Plus de doute — s'écria le docteur — le violent accès de désespoir qu'il a éprouvé a causé chez lui une perturbation violente qui prépare admirablement bien la crise réactive que je suis maintenant presque sûr d'obtenir par l'opération.

— Persistez-vous donc à la faire ? — dit tout bas le P. d'Aigrigny au docteur Baleinier pendant que Rodin continuait d'écrire.

— J'aurais pu hésiter, ce matin encore ; mais, disposé comme le voilà, je vais profiter à l'instant de cette surexcitation, qui, je le prévois, sera suivie d'un grand abattement.

— Ainsi — dit le cardinal — sans l'opération ?...

— Cette crise si heureuse, si inespérée, avorte... et sa réaction peut le tuer, monseigneur.

— Et l'avez-vous prévenu de la gravité de l'opération ?...

— A peu près... monseigneur.

— Mais il serait temps... de le décider.

— C'est ce que je vais faire, monseigneur — dit le docteur Baleinier.

Et s'approchant de Rodin, qui, continuant d'écrire et de songer, était resté étranger à cet entretien tenu à voix basse :

— Mon Révérend Père — lui dit le docteur d'une voix ferme — voulez-vous dans huit jours être sur pieds ?

Rodin fit un geste rempli de confiance qui signifiait :

« Mais j'y suis, sur pieds. »

— Ne vous méprenez pas — répondit le docteur — cette crise est excellente, mais elle durera peu ; et si nous n'en profitons pas... à l'instant... pour procéder à l'opération dont je vous ai touché deux mots, ma foi !... je vous le dis brutalement... après une telle secousse... je ne réponds de rien.

Rodin fut d'autant plus frappé de ces paroles, qu'il avait, une demi-heure auparavant, expérimenté le peu de durée du *mieux* éphémère que lui avait causé la bonne nouvelle du P. d'Aigrigny, et qu'il commençait à sentir un redoublement d'oppression à la poitrine.

M. Baleinier, voulant décider son malade et le croyant irrésolu, ajouta :

— En un mot, mon révérend Père, voulez-vous vivre, oui ou non ?

Rodin écrivit rapidement ces mots qu'il donna au docteur :

Pour vivre... je me ferais couper les quatre membres. Je suis prêt à tout.

Et il fit un mouvement pour se lever.

— Je dois vous déclarer, non pour vous faire hésiter, mon révérend Père, mais pour que votre courage ne soit pas surpris—ajouta M. Baleinier — que cette opération est cruellement douloureuse...

Rodin haussa les épaules, et d'une main ferme écrivit :

— *Laissez-moi la tête... prenez le reste...*

Le docteur avait lu ces mots à voix haute ; le cardinal et le P. d'Aigrigny se regardèrent, frappés de ce courage indomptable.

— Mon révérend Père — dit le docteur Baleinier — il faudrait vous recoucher...

Rodin écrivit :

— *Préparez-vous... j'ai à écrire des ordres très-pressés; vous m'avertirez au moment.*

Puis, ployant un papier qu'il cacheta avec une oublie, Rodin fit signe au P. d'Aigrigny de lire les mots qu'il allait tracer et qui furent ceux-ci :

— *Envoyez à l'instant cette note à l'agent qui a adressé les lettres anonymes au maréchal Simon.*

— A l'heure même, mon révérend Père — dit le P. d'Aigrigny — je vais charger de ce soin une personne sûre.

— Mon révérend Père — dit Baleinier à Rodin — puisque vous tenez à écrire,... recouchez-vous ; vous écrirez sur votre lit, pendant nos petits préparatifs.

Rodin fit un geste approbatif, et se leva.

Mais déjà le pronostic du docteur se réalisait : le jésuite put à peine rester une seconde debout, et retomba sur sa chaise... Alors il regarda le docteur Baleinier avec angoisse, et sa respiration s'embarrassa de plus en plus.

Le docteur, voulant le rassurer, lui dit :

— Ne vous inquiétez pas... Mais il faut nous hâter... Appuyez-vous sur moi et sur le P. d'Aigrigny.

Aidé de ses deux soutiens, Rodin put regagner son lit ; s'y étant assis sur son séant, il montra du geste l'écritoire et le papier afin qu'on les lui apportât ; un buvard lui servit de pupitre et il continua d'écrire sur ses genoux, s'interrompant de temps à autre pour aspirer l'air à grand'peine comme s'il eût étouffé, mais restant étranger à ce qui se passait autour de lui.

— Mon révérend Père — dit M. Baleinier au P. d'Aigrigny — êtes-vous capable d'être un de mes aides et de m'assister dans l'opération que je vais faire? Avez-vous cette sorte de courage-là ?

— Non — dit le R. P. — à l'armée je n'ai, de ma vie, pu assister à une amputation ;

à la vue du sang, ainsi répandu, le cœur me manque.

— Il n'y a pas de sang — dit le docteur Baleinier ; mais, du reste, c'est pire encore... Veuillez donc m'envoyer trois de nos RR. PP., ils me serviront d'aides ; ayez aussi l'obligeance de prier M. Rousselet de venir avec ses appareils.

Le P. d'Aigrigny sortit.

Le prélat s'approcha du docteur Baleinier et lui dit à voix basse en lui montrant Rodin :

— Il est hors de danger ?

— S'il résiste à l'opération, oui, monseigneur.

— Et... êtes-vous sûr qu'il y résiste ?

— A lui, je dirais : *Oui ;* à vous, monseigneur, je dis : *Il faut l'espérer.*

— Et s'il succombe, aura-t-on le temps de lui administrer les sacrements en public avec une certaine pompe, ce qui entraîne toujours quelques petites lenteurs ?

— Il est probable que son agonie durera au moins un quart d'heure, monseigneur.

— C'est court,... mais enfin il faudra s'en contenter — dit le prélat.

Et il se retira auprès d'une des croisées, sur les vitres de laquelle il se mit à tambouriner innocemment du bout des doigts en songeant aux effets de lumière du catafalque qu'il désirait tant de voir élever à Rodin.

A ce moment M. Rousselet entra tenant une grande boîte carrée sous le bras ; il s'approcha d'une commode, et sur le marbre de la tablette il disposa ses appareils.

— Combien en avez-vous préparé? lui dit le docteur.

— Six, monsieur.

— Quatre suffiront, mais il est bon de se précautionner. Le coton n'est pas trop foulé.

— Voyez, monsieur.

— Très-bien !

— Et comment va le R. P. ? — demanda l'élève à son maître.

— Hum... hum... — répondit tout bas le docteur — la poitrine est terriblement embarrassée, la respiration sifflante,... la voix toujours éteinte ,... mais enfin il y a une chance...

— Tout ce que je crains, monsieur, c'est

que le révérend Père ne résiste pas à une si affreuse douleur.

— C'est encore une chance ;... mais dans une position pareille, il faut tout risquer... Allons, mon cher, allumez une bougie, car j'entends nos aides.

En effet, bientôt entrèrent dans la chambre, accompagnant le P. d'Aigrigny, les trois congréganistes qui, dans la matinée, se promenaient dans le jardin de la maison de la rue de Vaugirard.

Les deux vieux à figures rubicondes et fleuries, le jeune à figure ascétique, tous trois, comme d'habitude, vêtus de noir, portant bonnets carrés, rabats blancs, et paraissant parfaitement disposés, d'ailleurs, à venir en aide au docteur Baleinier pendant la redoutable opération.

CHAPITRE XV.

LA TORTURE.

— Mes révérends Pères — dit gracieusement le docteur Baleinier aux trois congréganistes — je vous remercie de votre bon concours ;... ce que vous aurez à faire sera bien simple, et, avec l'aide du Seigneur, cette opération sauvera notre très-cher P. Rodin.

Les trois robes noires levèrent les yeux au ciel avec componction, après quoi elles s'inclinèrent comme un seul homme.

Rodin, fort indifférent à ce qui se passait autour de lui, n'avait pas un instant cessé soit d'écrire, soit de réfléchir... Cependant de temps à autre, malgré ce calme apparent, il avait éprouvé une telle difficulté de respirer, que le docteur Baleinier s'était retourné avec une grande inquiétude en entendant l'espèce de sifflement étouffé qui s'échappait du gosier de son malade ; aussi, après avoir fait un signe à son élève, le docteur s'approcha de Rodin et lui dit :

— Allons, mon révérend Père... voici le grand moment,... courage...

Aucun signe de terreur ne se manifesta sur les traits du jésuite, sa figure resta impassible comme celle d'un cadavre ; seulement ses petits yeux de reptile étincelèrent plus brillants encore au fond de leur sombre orbite ; un instant il promena un regard assuré sur les témoins de cette scène ; puis, prenant sa plume entre ses dents, il plia et cacheta un nouveau feuillet, le plaça sur la table de nuit, et fit ensuite au docteur Baleinier un signe qui semblait dire : je suis prêt.

— Il faudrait d'abord ôter votre gilet de laine et votre chemise, mon Père.

Honte ou pudeur, Rodin hésita un instant,... seulement un instant,... car lorsque le docteur eut repris :

— Il le faut, mon révérend Père !

Rodin, toujours assis dans son lit, obéit, avec l'aide de M. Baleinier, qui ajouta, pour consoler sans doute la pudeur effarouchée du patient :

— Nous n'avons absolument besoin que de votre poitrine, mon cher Père, côté gauche et côté droit.

En effet, Rodin étendu sur le dos, et toujours coiffé de son bonnet de soie noire crasseux, laissa voir la partie antérieure d'un torse livide et jaunâtre, ou plutôt la cage osseuse d'un squelette, car les ombres portées par la vive arête des côtes et des cartilages cerclaient la peau de profonds sillons noirs et circulaires. Quant aux bras, on eût dit des os enroulés de grosses cordes et recouverts de parchemin tanné, tant l'affaissement musculaire donnait de relief à l'ossature et aux veines.

— Allons, monsieur Rousselet, les appareils — dit le docteur Baleinier.

Puis s'adressant aux trois congréganistes :

— Messieurs, approchez :... je vous l'ai dit... ce que vous avez à faire est excessivement simple, comme vous allez le voir.

Et M. Baleinier procéda à l'installation de la chose.

Ce fut fort simple, en effet.

Le docteur remit à chacun de ses quatre aides une espèce de petit trépied d'acier environ de deux pouces de diamètre sur trois de hauteur, le centre circulaire de ce trépied était rempli de coton tassé très-épais; cet instrument se tenait de la main gauche au moyen d'un manche de bois.

De la main droite, chaque aide était armé d'un petit tube de fer-blanc de dix-huit pouces de longueur; à l'une de ses extrémités était pratiquée une embouchure destinée à recevoir les lèvres du praticien, l'autre bout se recourbait et s'évasait de façon à pouvoir servir de couvercle au petit trépied.

Ces préparatifs n'offraient rien d'effrayant. Le P. d'Aigrigny et le prélat, qui regardaient de loin, ne comprenaient pas comment cette opération pouvait être si douloureuse.

Ils comprirent bientôt.

Le docteur Baleinier ayant ainsi armé ses quatre aides, les fit s'approcher de Rodin, dont le lit avait été roulé au milieu de la chambre.

Deux aides se placèrent d'un côté, deux de l'autre.

— Maintenant, messieurs — leur dit le docteur Baleinier — allumez le coton ;... placez la partie allumée sur la peau de sa révérence au moyen du trépied qui contient la mèche,... recouvrez le trépied avec la partie évasée de vos tuyaux, puis soufflez par l'embouchure afin d'aviver le feu... C'est très-simple, comme vous le voyez.

C'était en effet d'une ingénuité patriarcale et primitive.

Quatre mèches de coton enflammé, mais disposé de façon à ne brûler qu'à petit feu, furent appliquées à droite et à gauche de la poitrine de Rodin...

Ceci s'appelle vulgairement des moxas. Le tour est fait, lorsque toute l'épaisseur de la peau est ainsi lentement brûlée ;... cela dure de sept à huit minutes. On prétend qu'une amputation n'est rien auprès de cela.

Rodin avait suivi les préparatifs de l'opération avec une intrépide curiosité; mais au premier contact de ces quatre brasiers dévorants, il se dressa et se tordit comme un serpent, sans pouvoir pousser un cri, car il était muet; l'expansion de la douleur lui était même interdite.

Les quatre aides ayant nécessairement dérangé leurs appareils au brusque mouvement de Rodin, ce fut à recommencer.

— Du courage, mon cher Père, offrez ces souffrances au Seigneur... il les agréera — dit le docteur Baleinier d'un ton patelin; — je vous ai prévenu;... cette opération est très-douloureuse; mais aussi salutaire que douloureuse, c'est tout dire. Allons,... vous qui avez montré jusqu'ici tant de résolution, n'en manquez pas au moment décisif.

Rodin avait fermé les yeux; vaincu par cette première surprise de la douleur, il les rouvrit et regarda le docteur d'un air presque confus de s'être montré si faible.

Et pourtant, à droite et à gauche de sa poitrine, on voyait déjà quatre larges escarres d'un roux saignant... tant les brûlures avaient été aiguës et profondes...

Au moment où il allait se replacer sur le lit de douleur, Rodin fit signe, en montrant l'encrier, qu'il voulait écrire.

On pouvait lui passer ce caprice.

Le docteur tendit le buvard, et Rodin écrivit ce qui suit, comme par réminiscence.

Il vaut mieux ne pas perdre de temps... Faites tout de suite prévenir le baron Tripeaud du mandat d'amener lancé contre son factotum Léonard, afin qu'il avise.

Cette note écrite, le jésuite la donna au docteur Baleinier, en lui faisant signe de la remettre au P. d'Aigrigny; celui-ci, aussi frappé que le docteur et le cardinal d'une pareille présence d'esprit au milieu de si atroces douleurs, resta un moment stupéfait. Rodin, les yeux impatiemment fixés sur le R. P., semblait attendre avec impatience qu'il sortît de la chambre pour aller exécuter ses ordres.

Le docteur, devinant la pensée de Rodin, dit un mot au P. d'Aigrigny, qui sortit.

— Allons, mon Révérend Père — dit le docteur à Rodin — c'est à recommencer ; cette fois ne bougez pas, vous êtes au fait...

Rodin ne répondit pas, joignit ses deux mains sur sa tête, offrit sa poitrine et ferma les yeux.

C'était un spectacle étrange, lugubre, presque fantastique.

Ces trois prêtres, vêtus de longues robes noires, penchés sur ce corps réduit presqu'à l'état de cadavre, leurs lèvres collées à ces trompes qui aboutissaient à la poitrine du patient, semblaient pomper son sang ou l'infibuler par quelque charme magique...

Une odeur de chair brulée, nauséabonde, pénétrante, commença de se répandre dans la chambre silencieuse... et chaque aide entendit sous le trépied fumant une légère crépitation :... c'était la peau de Rodin qui se fendait sous l'action du feu et se crevassait en quatre endroits différents de sa poitrine.

La sueur ruisselait de son visage livide, qu'elle rendait luisant ; quelques mèches de cheveux gris, roides et humides se collaient à ses tempes. Parfois telle était la violence de ses spasmes, que sur ses bras roidis ses veines se gonflaient et se tendaient comme des cordes prêtes à se rompre.

Endurant cette torture affreuse avec autant d'intrépide résignation que le sauvage dont la gloire consiste à mépriser la douleur, Rodin puisait son courage et sa force dans l'espoir... nous dirions presque dans la certitude de vivre... Telle était la trempe de ce caractère indomptable, la toute-puissance de cet esprit énergique, qu'au milieu même de tourments indicibles son idée fixe ne l'abandonna pas... Pendant les rares intermittences que lui laissait la souffrance, souvent inégale, même à ce degré d'intensité, Rodin songeait à l'affaire Rennepont, calculait ses chances, combinait les mesures les plus promptes, sentant qu'il n'y avait pas une minute à perdre.

Le docteur Balcinier ne le quittait pas du regard, épiait avec une profonde attention, et les effets de la douleur, et la réaction salutaire de cette douleur sur le malade, qui semblait, en effet, respirer déjà un peu plus librement.

Soudain Rodin porta sa main à son front comme frappé d'une inspiration subite, tourna vivement sa tête vers M. Baleinier, et lui demanda par signe de faire un moment suspendre l'opération.

— Je dois vous avertir, mon révérend Père — répondit le docteur — qu'elle est plus d'à moitié terminée, et que si on l'interrompt, la reprise vous paraîtra plus douloureuse,... encore...

Rodin fit signe que peu lui importait et qu'il voulait écrire.

— Messieurs,.. suspendez un moment — dit le docteur Baleinier — ne retirez pas les moxas... mais n'avivez plus le feu.

C'est-à-dire que le feu allait brûler doucement sur la peau du patient, au lieu de brûler vif.

Malgré cette douleur, moins atroce, mais toujours aiguë, profonde, Rodin, restant couché sur le dos, se mit en devoir d'écrire; par sa position, il fut forcé de prendre le buvard de la main gauche, de l'élever à la hauteur de ses yeux, et d'écrire de la main droite pour ainsi dire en plafonnant.

Sur un premier feuillet, il traça quelques signes alphabétiques d'un chiffre qu'il s'était composé pour lui seul afin de noter certaines choses secrètes. Peu d'instants auparavant, au milieu de ses tortures, une idée lumineuse lui était soudainement venue; il la croyait bonne et il la notait, craignant de l'oublier au milieu de ses souffrances, quoiqu'il se fût interrompu deux ou trois fois, car si sa peau ne brûlait plus qu'à petit feu, elle n'en brûlait pas moins; Rodin continua d'écrire, sur un autre feuillet il traça les mots suivants qui, sur un signe de lui, furent aussitôt remis au P. d'Aigrigny :

Envoyer à l'instant B. auprès de Faringhea, dont il recevra le rapport sur les événements de ces derniers jours, au sujet du prince Djalma; B. reviendra immédiatement ici avec ce renseignement.

Le P. d'Aigrigny s'empressa de sortir pour donner ce nouvel ordre. Le cardinal se rapprocha un peu du théâtre de l'opération, car, malgré la mauvaise odeur de cette chambre, il se complaisait fort à voir partiellement rôtir le jésuite, auquel il gardait une rancune de prêtre italien.

— Allons, mon révérend Père — dit le docteur à Rodin — continuez d'être aussi admirablement courageux; votre poitrine se dégage... Vous allez avoir encore un rude moment à passer... et puis après, bon espoir...

Le patient se remit en place. Au moment où le P. d'Aigrigny rentra, Rodin l'interrogea du regard; le R. P. lui répondit par un geste affirmatif.

Au signe du docteur, les quatre aides approchèrent leurs lèvres des tubes, et recommencèrent à aviver le feu d'un souffle précipité.

Cette recrudescence de torture fut si féroce que, malgré son empire sur lui-même, Rodin grinça des dents à se les briser, fit un soubresaut convulsif et gonfla si fort sa poitrine, qui palpitait sous le brasier, qu'ensuite d'un spasme violent, il s'échappa enfin de ses poumons un cri de douleur terrible... mais libre... mais sonore, mais retentissant.

— La poitrine est dégagée... — s'écria le docteur Baleinier triomphant — il est sauvé... les poumons fonctionnent... la voix revient... la voix est revenue.... Soufflez, messieurs, soufflez.... et vous, mon révérend Père — dit-il joyeusement à Rodin — si vous le pouvez, criez... hurlez... ne vous gênez pas;... je serai ravi de vous entendre, et cela vous soulagera... Courage, maintenant... je réponds de vous. C'est une cure merveilleuse... je la publierai, je la crierai à son de trompe!...

— Permettez, docteur — dit tout bas le P. d'Aigrigny en se rapprochant vivement de M. Baleinier — monseigneur est témoin que j'ai retenu d'avance la publication de ce fait, qui passera.... comme il le peut véritablement... pour un miracle.

— Eh bien! ce sera une cure miraculeuse — répondit sèchement le docteur Baleinier, qui tenait à ses œuvres.

En entendant dire qu'il était sauvé, Rodin, quoique ses souffrances fussent peut-être les plus vives qu'il eût encore ressenties, car le feu arrivait à la dernière couche de l'épiderme, Rodin fut réellement beau, d'une beauté infernale. A travers la pénible contraction de ses traits éclatait l'orgueil d'un farouche triomphe; on voyait que ce monstre se sentait redevenir fort et puissant, et qu'il avait conscience des maux terribles que sa funeste résurrection allait causer... Aussi, tout en se tordant sous la fournaise qui le dévorait, il prononça ces mots... les premiers qui sortirent de sa poitrine, de plus en plus libre et dégagée :

— Je le disais... bien... moi, que je vivrais !..

— Et vous disiez vrai — s'écria le docteur en tâtant le pouls de Rodin. — Voici maintenant votre pouls plein, ferme, réglé, les poumons libres. La réaction est complète; vous êtes sauvé...

A ce moment, les derniers brins de coton avaient brûlé; on retira les trépieds, et l'on vit sur la poitrine osseuse et décharnée de Rodin quatre larges escarres arrondies. La peau, carbonisée, fumante encore, laissait voir la chair rouge et vive...

Par suite de l'un des brusques soubresauts de Rodin qui avait dérangé le trépied, une de ces brûlures s'était plus étendue que les autres et offrait pour ainsi dire un double cercle noirâtre et brûlé.

Rodin baissa les yeux sur ces plaies; après quelques secondes de contemplation silencieuse, un étrange sourire brida ses lèvres. Alors, sans changer de position, mais jetant de côté sur le père d'Aigrigny un regard d'intelligence impossible à peindre, il lui dit, en comptant lentement une à une ses plaies du bout de son doigt à ongle plat et sordide :

— Père d'Aigrigny... quel présage !.. voyez donc?. . un Rennepont... deux Rennepont.... trois Rennepont... quatre Rennepont;... — puis, s'interrompant : — Où est donc le cinquième? Ah!... ici... cette plaie compte pour deux... elle est jumelle... (1).

Et il fit entendre un petit rire sec et aigu.

Le P. d'Aigrigny, le cardinal et le docteur Baleinier comprirent seuls le sens de ces mystérieuses et sinistres paroles, que Rodin

(1) Jacques Rennepont étant mort, et Gabriel étant en dehors des intérêts par sa donation régularisée, il ne restait que cinq personnes de la famille : — Rose et Blanche, — Djalma, — Adrienne — et M. Hardy.

compléta bientôt par une allusion terrible en s'écriant d'une voix prophétique et d'un air inspiré :

— Oui, je le dis, la race de l'impie sera réduite en poussière, comme les lambeaux de ma chair viennent d'être réduits en cendres... Je le dis... cela sera... car j'ai voulu vivre.... je vis.

CHAPITRE XVI.

VICE ET VERTU.

Deux jours se sont passés depuis que Rodin a été miraculeusement rappelé à la vie. Le lecteur n'a peut-être pas oublié la maison de la rue Clovis, où le R. P. avait un pied-à-terre et où se trouvait aussi le logement de Philémon, habité par Rose-Pompon.

Il est environ trois heures de l'après-midi, un vif rayon de lumière, pénétrant à travers un trou rond pratiqué au battant de la porte de la boutique demi-souterraine occupée par la mère Arsène, la fruitière-charbonnière, forme un brusque contraste avec les ténèbres de cette espèce de cave.

Ce rayon tombe d'aplomb sur un objet sinistre...

Au milieu des falourdes, des légumes flétris, tout à côté d'un grand tas de charbon, est un mauvais grabat; sous le drap qui le recouvre, se dessine la forme anguleuse et roide d'un cadavre.

C'est le corps de la mère Arsène; atteinte du choléra, elle a succombé depuis la surveille : les enterrements étant très-nombreux, ses restes n'ont encore pu être enlevés.

La rue Clovis est alors presque déserte; il règne au dehors un silence morne, souvent interrompu par les aigres sifflements du vent de nord-est; entre deux rafales, on entend parfois un petit fourmillement sec et brusque ;... ce sont des rats énormes qui vont et viennent sur le monceau de charbon.

Soudain, un léger bruit se fait entendre; aussitôt ces animaux immondes se sauvent et se cachent dans leurs trous.

On tâchait de forcer la porte qui de l'allée communiquait dans la boutique, cette porte offrait d'ailleurs peu de résistance ; au bout d'un instant, sa mauvaise serrure céda, une femme entra et resta quelques moments immobile au milieu de l'obscurité de cette cave humide et glacée.

Après une minute d'hésitation, cette femme s'avança ; le rayon lumineux éclaira les traits de la reine Bacchanal ; elle s'approcha peu à peu de la couche funèbre.

Depuis la mort de Jacques, l'altération des traits de Céphyse avait encore augmenté ; d'une pâleur effrayante, ses beaux cheveux noirs en désordre, les jambes et les pieds nus, elle était à peine vêtue d'un mauvais jupon rapiécé et d'un mouchoir de cou en lambeaux.

Arrivée auprès du lit, la reine Bacchanal jeta un regard d'une assurance presque farouche sur le linceul...

Tout à coup elle se recula en poussant un cri de frayeur involontaire.

Une ondulation rapide avait couru et agité le drap mortuaire en remontant depuis les pieds jusqu'à la tête de la morte... Bientôt, la vue d'un rat qui s'enfuyait le long des ais vermoulus du grabat expliqua l'agitation du suaire. Céphyse, rassurée, se mit à chercher et à rassembler précipitamment divers objets, comme si elle eût craint d'être surprise dans cette misérable boutique.

Elle s'empara d'abord d'un panier, et le remplit de charbon ; après avoir encore regardé de côté et d'autre elle découvrit dans un coin un fourneau de terre, dont elle se saisit avec un élan de joie sinistre.

— Ce n'est pas tout... ce n'est pas tout — disait Céphyse en cherchant de nouveau autour d'elle d'un air inquiet.

Enfin elle avisa auprès du petit poêle de fonte une boîte de fer-blanc contenant un briquet et des allumettes. Elle plaça ces objets sur le panier, le souleva d'une main, et de l'autre emporta le fourneau.

En passant auprès du corps de la pauvre charbonnière, Céphyse dit avec un sourire étrange :

— Je vous vole... pauvre mère Arsène ;... mais mon vol ne me profitera guère.

Céphyse sortit de la boutique, rajusta la porte du mieux qu'elle put, suivit l'allée et traversa la petite cour qui séparait ce corps de logis de celui dans lequel Rodin avait eu son pied-à-terre.

Sauf les fenêtres de l'appartement de Philémon, sur l'appui desquelles Rose-Pompon, perchée comme un oiseau, avait tant de fois gazouillé *son* Béranger, les autres croisées de cette maison étaient ouvertes ; au premier et au second étage il y avait des morts ; comme tant d'autres ils attendaient la charrette où l'on entassait les cercueils.

La reine Bacchanal gagna l'escalier qui conduisait aux chambres naguère occupées par Rodin ; arrivée à leur palier, elle monta un petit escalier délabré, roide comme une échelle, auquel une vieille corde servait de rampe, et atteignit enfin la porte à demi pourrie d'une mansarde située sous les combles.

Cette maison était tellement délabrée, qu'en plusieurs endroits la toiture, percée à jour, laissait, lorsqu'il pleuvait, pénétrer la pluie dans ce réduit à peine large de dix pieds carrés, et éclairé par une fenêtre mansardée. Pour tout mobilier on voyait, au long du mur dégradé, sur le carreau, une vieille paillasse éventrée, d'où sortaient quelques brins de paille ; à côté de cette couche, une petite cafetière de faïence égueulée contenant un peu d'eau.

La Mayeux, vêtue de haillons, était assise au bord de la paillasse, ses coudes sur ses genoux, son visage caché entre ses mains fluettes et blanches. Lorsque Céphyse rentra, la sœur adoptive d'Agricol releva la tête ; son pâle et doux visage semblait encore amaigri, encore creusé par la souffrance, par le chagrin, par la misère : ses yeux caves, rougis par les larmes, s'attachèrent sur sa sœur avec une expression de mélancolique tendresse.

— Sœur,... j'ai ce qu'il nous faut — dit Céphyse d'une voix sourde et brève. — Dans ce panier, il y a la fin de nos misères.

Puis, montrant à la Mayeux les objets qu'elle venait de déposer sur le carreau, elle ajouta :

— Pour la première fois de ma vie... j'ai... volé... et cela m'a fait honte et peur... Décidément, je ne suis faite ni pour être voleuse, ni pour être pis encore. C'est dommage — ajouta-t-elle en se prenant à sourire d'un air sardonique.

Après un moment de silence, la Mayeux dit à sa sœur avec une expression navrante :

— Céphyse,... ma bonne Céphyse,... tu veux donc absolument mourir ?

— Comment hésiter ?—répondit Céphyse d'une voix ferme. — Voyons, sœur, si tu le veux, faisons encore une fois mon compte : quand même je pourrais oublier ma honte et le mépris de Jacques mourant, que me reste-t-il ? Deux partis à prendre : le premier, redevenir honnête et travailler. Eh bien ! tu le sais, malgré ma bonne volonté, le travail me manquera souvent, comme il nous manque depuis quelques jours, et quand il ne manquera pas il me faudra vivre avec quatre ou cinq francs par semaine. Vivre,... c'est-à-dire mourir à petit feu à force de privations, je connais ça... j'aime mieux mourir tout d'un coup... L'autre parti serait de continuer, pour vivre, le métier infâme dont j'ai essayé une fois... et je ne veux pas ;... c'est plus fort que moi... Franchement, sœur, entre une affreuse misère, l'infamie ou la mort, le choix peut-il être douteux ? Réponds.

Puis, se reprenant aussitôt sans laisser parler la Mayeux, Céphyse ajouta d'une voix brève et saccadée :

— D'ailleurs, à quoi bon discuter ?... je suis décidée ; rien au monde ne m'empêcherait d'en finir, puisque toi... toi,... sœur chérie, tout ce que tu as pu obtenir... de moi... c'est un retard de quelques jours,... espérant que le choléra nous épargnerait la peine... Pour te faire plaisir, j'y consens ; le choléra vient... tue tout dans la maison... et nous laisse... Tu vois bien, il vaut mieux faire ses affaires soi-même — ajouta-t-elle en souriant de nouveau d'un air sardonique. Puis, elle reprit :
—Et d'ailleurs, toi qui parles, pauvre sœur... tu en as aussi envie que moi... d'en finir... avec la vie.

— Cela est vrai, Céphyse — répondit la Mayeux, qui semblait accablée. — Mais... seule... on n'est responsable que de soi... et il me semble que mourir avec toi — ajouta-t-elle en frissonnant — c'est être complice de ta mort.

— Aimes-tu mieux en finir... moi de mon côté,... toi du tien ?... Ça sera gai... dit Céphyse montrant dans ce moment terrible cette espèce d'ironie amère, désespérée, plus fréquente qu'on ne le croit au milieu des préoccupations mortelles.

— Oh! non... — non... — dit la Mayeux avec effroi — pas seule... Oh! je ne veux pas mourir seule.

— Tu le vois donc bien, sœur chérie... nous avons raison de ne pas nous quitter, et pourtant — ajouta Céphyse d'une voix émue — j'ai parfois le cœur brisé quand je songe que tu veux mourir comme moi...

— Égoïste ! — dit la Mayeux avec un sourire navrant — quelles raisons ai-je plus que toi d'aimer la vie ? quel vide laisserai-je après moi ?

— Mais toi, sœur — reprit Céphyse — tu es un pauvre martyr... Les prêtres parlent de saintes ! en est-il seulement une qui te vaille ?... et pourtant, tu veux mourir comme moi... oui, comme moi,... qui ai toujours été aussi oisive, aussi insouciante, aussi coupable... que tu as été laborieuse et dévouée à tout ce qui souffrait... Qu'est-ce que tu veux que je te dise ? c'est vrai, pourtant, cela ! toi... un ange sur la terre, tu vas mourir aussi désespérée que moi... qui suis maintenant aussi dégradée qu'une femme peut l'être — ajouta la malheureuse en baissant les yeux.

— Cela est étrange — reprit la Mayeux pensive. — Parties du même point, nous avons suivi des routes opposées.... et nous voici arrivées au même but : le dégoût de l'existence... Pour toi, pauvre sœur, il y a quelques jours encore si belle, si vaillante, si folle de plaisirs et de jeunesse, la vie est, à cette heure, aussi pesante qu'elle l'est pour moi, triste et chétive créature... Après tout, j'ai accompli jusqu'à la fin ce qui était pour moi un devoir — ajouta la Mayeux avec douceur ; — Agricol n'a plus besoin de moi ;... il est marié ;... il aime, il est aimé ;... son bonheur est certain... Mademoiselle de Cardoville n'a rien à désirer. Belle, riche, heureuse, j'ai fait pour elle ce qu'une pauvre créature de ma sorte pouvait faire... Ceux qui ont été bons pour moi sont heureux ;... qu'est-ce que cela fait maintenant que je m'en aille me reposer :... je suis si lasse ?...

— Pauvre sœur — dit Céphyse avec une émotion touchante qui détendit ses traits contractés — quand je songe que, sans m'en prévenir, et malgré ta résolution de ne jamais retourner chez cette généreuse demoiselle, ta protectrice, tu as eu le courage de te traîner, mourante de fatigue et de besoin, jusque chez elle, pour tâcher de l'intéresser à mon sort... oui, mourante... puisque les forces t'ont manqué aux Champs-Elysées.

— Et quand j'ai pu me rendre enfin à l'hôtel de mademoiselle de Cardoville, elle était malheureusement absente !... Oh ! bien malheureusement ! — répéta la Mayeux en regardant Céphyse avec douleur — car, le lendemain, voyant cette dernière ressource nous manquer... pensant encore plus à moi qu'à toi, voulant à tout prix nous procurer du pain...

La Mayeux ne put achever et cacha son visage dans ses mains en frémissant.

— Eh bien ! j'ai été me vendre comme tant

d'autres malheureuses se vendent quand le travail manque ou que le salaire ne suffit pas,... et que la faim crie trop fort... — répondit Céphyse d'une voix saccadée — seulement, au lieu de vivre de ma honte... comme tant d'autres en vivent,... moi, j'en meurs...

— Hélas ! cette terrible honte, dont tu mourras, pauvre Céphyse, parce que tu as du cœur,... tu ne l'aurais pas connue, si j'avais pu voir mademoiselle de Cardoville, ou si elle avait répondu à la lettre que j'avais demandé la permission de lui écrire chez son concierge; mais son silence me le prouve, elle est justement blessée de mon brusque départ de chez elle... Je le conçois... elle a dû l'attribuer à une noire ingratitude;... oui;... car pour qu'elle n'ait pas daigné me répondre... il faut qu'elle soit bien blessée,... et elle a le droit de l'être... Aussi n'ai-je pas eu le courage d'oser lui écrire une seconde fois;... cela eût été inutile, j'en suis sûre... Bonne et équitable comme elle l'est... ses refus sont inexorables lorsqu'elle les croit mérités;... et puis d'ailleurs, à quoi bon ?... il était trop tard... tu étais décidée à en finir...

— Oh ! bien décidée !... car mon infamie me rongeait le cœur... et Jacques était mort dans mes bras en me méprisant ;... et je l'aimais, vois-tu ? ajouta Céphyse avec une exaltation passionnée — je l'aimais comme on n'aime qu'une fois dans la vie !...

— Que notre sort s'accomplisse donc !... — dit la Mayeux pensive...

— Et la cause de ton départ de chez mademoiselle de Cardoville, sœur, tu ne me l'as jamais dite... — reprit Céphyse après un moment de silence.

— Ce sera le seul secret que j'emporterai avec moi, ma bonne Céphyse—dit la Mayeux en baissant les yeux.

Et elle songeait avec une joie amère que bientôt elle serait délivrée de cette crainte qui avait empoisonné les derniers jours de sa triste vie.

Se retrouver en face d'Agricol... instruit du funeste et ridicule amour qu'elle ressentait pour lui...

Car, il faut le dire, cet amour fatal, désespéré, était une des causes du suicide de cette infortunée ;... depuis la disparition de son journal, elle croyait que le forgeron connaissait le triste secret de ces pages navrantes ; quoiqu'elle ne doutât pas de la générosité, du bon cœur d'Agricol, elle se défiait tant d'elle-même, elle ressentait une telle honte de cette passion, pourtant bien noble, bien pure, que, dans l'extrémité où elle et Céphyse s'étaient trouvées réduites, manquant toutes deux de travail et de pain, aucune puissance humaine ne l'aurait forcée d'affronter le regard d'Agricol... pour lui demander aide et secours.

Sans doute, la Mayeux eût autrement envisagé sa position, si son esprit n'eût pas été troublé par cette sorte de vertige, dont les caractères les plus fermes sont souvent atteints, lorsque le malheur qui les frappe dépasse toutes les bornes ; mais la misère, mais la faim, mais l'influence, pour ainsi dire contagieuse dans un tel moment, des idées de suicide de Céphyse ; mais la lassitude d'une vie depuis si long-temps vouée à la douleur, aux mortifications, portèrent le dernier coup à la raison de la Mayeux ; après avoir long-temps lutté contre le funeste dessein de sa sœur, la pauvre créature, accablée, anéantie, finit par vouloir partager le sort de Céphyse, voyant du moins dans la mort le terme de tant de maux...

— A quoi penses-tu, sœur? — dit Céphyse étonnée du long silence de la Mayeux.

Celle-ci tressaillit et répondit :

— Je pense à la cause qui m'a fait si brusquement sortir de chez mademoiselle de Cardoville et passer à ses yeux pour une ingrate... Enfin, puisse cette fatalité, qui m'a chassée de chez elle, n'avoir pas fait d'autres victimes que nous ; puisse mon dévouement, si obscur, si infime qu'il eût été, ne jamais manquer à celle qui a tendu sa noble main à la pauvre ouvrière et l'a appelée sa *sœur* ;... puisse-t-elle être heureuse, oh! à tout jamais heureuse ! — dit la Mayeux en joignant les mains avec l'ardeur d'une invocation sincère.

— Cela est beau... sœur... un tel vœu dans ce moment ! — dit Céphyse.

— Oh! c'est que, vois-tu — reprit vivement la Mayeux — j'aimais, j'admirais cette merveille d'esprit, de cœur et de beauté idéale, avec un pieux respect, car jamais la puissance de Dieu ne s'est révélée dans une œuvre plus adorable et plus pure ;... une de mes dernières pensées aura du moins été pour elle.

— Oui... tu auras aimé et respecté ta généreuse protectrice jusqu'à la fin...

— Jusqu'à la fin... — dit la Mayeux après un moment de silence — c'est vrai ;... tu as raison ;... c'est la fin ;... bientôt... dans un instant tout sera terminé... Vois donc avec quel calme nous parlons de... de ce qui en épouvante tant d'autres !

— Sœur, nous sommes calmes, parce que nous sommes décidées.

— Bien décidées, Céphyse ? — dit la Mayeux en jetant de nouveau un regard profond et pénétrant sur sa sœur.

— Oh! oui... puisses-tu l'être autant que moi !...

— Sois tranquille ;... si je retardais de jour en jour le moment d'en finir — répondit la Mayeux — c'est que je voulais toujours te laisser le temps de réfléchir,... car pour moi...

La Mayeux n'acheva pas ; mais elle fit un signe de tête d'une tristesse désespérée.

— Eh bien !... sœur... embrassons-nous — dit Céphyse — et du courage !

La Mayeux se levant, se jeta dans les bras de sa sœur.

Toutes deux se tinrent long-temps embrassées...

Il y eut quelques secondes d'un silence profond, solennel, seulement interrompu par les sanglots des deux sœurs, car alors seulement elles se mirent à pleurer.

— Oh ! mon Dieu ! s'aimer ainsi... et se quitter... pour jamais — dit Céphyse — c'est bien cruel... pourtant.

— Se quitter... — s'écria la Mayeux, et son pâle et doux visage inondé de larmes resplendit tout à coup d'une divine espérance ; —

se quitter, sœur, oh! non, non. Ce qui me rend si calme... vois-tu?... c'est que je sens là, au fond du cœur, une aspiration profonde, certaine, vers ce monde meilleur où une vie meilleure nous attend! Dieu... si grand, si clément, si prodigue, si bon, n'a pas voulu, lui, que ses créatures fussent à jamais malheureuses; mais quelques hommes égoïstes dénaturant son œuvre réduisent leurs frères à la misère et au désespoir... Plaignons les méchants et laissons-les... Viens là-haut, sœur;... les hommes n'y sont rien, Dieu y règne;... viens là-haut, sœur; on y est mieux;... partons vite,... car il est tard.

Ce disant, la Mayeux montra les rouges lueurs du couchant qui commençaient à empourprer les carreaux de la fenêtre.

Céphyse, entraînée par la religieuse exaltation de sa sœur, dont les traits, pour ainsi dire, transfigurés par l'espoir d'une délivrance prochaine, brillaient doucement colorés par les rayons du soleil couchant, Céphyse saisit les deux mains de sa sœur, et, la regardant avec un profond attendrissement, s'écria :

— Oh ! sœur, comme tu es belle ainsi !

— La beauté me vient un peu tard — dit la Mayeux en souriant tristement.

— Non, sœur, car tu parais si heureuse..., que les derniers scrupules que j'avais encore pour toi s'effacent tout à fait.

— Alors, dépêchons-nous — dit la Mayeux en montrant le réchaud à sa sœur.

— Sois tranquille, sœur, ce ne sera pas long — dit Céphyse.

Et elle alla prendre le réchaud rempli de charbon qu'elle avait placé dans un coin de la mansarde, et l'apporta au milieu de cette petite pièce.

— Sais-tu... comment cela... s'arrange... toi ?... — lui demanda la Mayeux en s'approchant.

— Oh !... mon Dieu !... c'est bien simple — répondit Céphyse — on ferme la porte,... la fenêtre, et l'on allume le charbon...

— Oui, sœur ; mais il me semble avoir entendu dire qu'il fallait bien exactement boucher toutes les ouvertures, afin qu'il n'entre pas d'air.

—Tu as raison : justement cette porte joint si mal.

— Et le toit,... vois donc ces crevasses.

— Comment faire... sœur ?

— Mais, j'y songe — dit la Mayeux — la paille de notre paillasse, bien tordue, pourra nous servir.

— Sans doute — reprit Céphyse — nous en garderons pour allumer notre feu, et du reste nous ferons des tampons pour les crevasses du toit, et des bourrelets pour la porte et pour la fenêtre...

Puis souriant, avec cette ironie amère, fréquente, nous le répétons, dans ces lugubres moments, Céphyse ajouta :

— Dis donc,... sœur, des bourrelets aux portes et aux fenêtres pour empêcher l'air... quel luxe !... nous sommes douillettes comme des personnes riches.

— A cette heure... nous pouvons bien prendre un peu nos aises — dit la Mayeux en tâchant de plaisanter comme la reine Bacchanal.

Et les deux sœurs, avec un incroyable sang-froid, commencèrent à tordre des brins de paille, en espèce de bourrelets assez menus pour pouvoir être placés entre les ais de la porte et le plancher, puis elles façonnèrent d'assez gros tampons destinés à boucher les crevasses de la toiture.

Tant que dura cette sinistre occupation, le calme et la morne résignation de ces deux infortunées ne se démentirent pas.

CHAPITRE XVII.

SUICIDE.

Céphyse et la Mayeux continuaient avec calme les préparatifs de leur mort...

Hélas! combien de pauvres jeunes filles, ainsi que les deux sœurs, ont été et seront encore fatalement poussées à chercher dans le suicide un refuge contre le désespoir, contre l'infamie ou contre une vie trop misérable!

Et cela doit être.... et sur la société pèsera aussi la terrible responsabilité de ces morts désespérées, tant que des milliers de créatures humaines *ne pouvant matériellement vivre* du salaire dérisoire qu'on leur accorde seront forcées de choisir entre ces trois abîmes de maux, de hontes et de douleurs :

— *Une vie de travail énervant et de privations meurtrières, causes d'une mort précoce...*

— *La prostitution qui tue aussi, mais lentement, par les mépris, par les brutalités, par les maladies immondes...*

— *Le suicide... qui tue tout de suite...*

Céphyse et la Mayeux symbolisent moralement deux fractions de la classe ouvrière chez les femmes.

Ainsi que la Mayeux, les unes, sages, laborieuses, infatigables, luttent énergiquement avec une admirable persévérance contre les tentations mauvaises, contre les mortelles fatigues d'un labeur au-dessus de leurs forces, contre une affreuse misère;... humbles, douces, résignées, elles vont... les bonnes et vaillantes créatures, elles vont... tant qu'elles peuvent aller, quoique bien frêles, quoique bien étiolées, quoique bien endolories... car elles ont presque toujours faim et froid, et presque jamais de repos, d'air et de soleil.

Elles vont enfin bravement jusqu'à la fin...

jusqu'à ce qu'affaiblies par un travail exagéré, minées par une pauvreté homicide, les forces leur manquent tout à fait ;... alors, presque toujours atteintes de maladies d'épuisement, le plus grand nombre va s'éteindre douloureusement à l'hospice et alimenter les amphithéâtres,... exploitées pendant leur vie, exploitées après leur mort... toujours utiles aux vivants. Pauvres femmes... saints martyrs !

Les autres, moins patientes, allument un peu de charbon et — *bien lasses* — comme dit la Mayeux, oh ! bien lasses de cette vie terne, sombre, sans joies, sans souvenirs, sans espérances, elles se reposent enfin,... et s'endorment du sommeil éternel sans songer à maudire un monde qui ne leur laisse que le choix du suicide.

Oui, le choix du suicide,... car, sans parler des métiers dont l'insalubrité mortelle décime périodiquement les classes ouvrières, la misère, en un temps donné, tue comme l'asphyxie.

D'autres femmes, au contraire, douées, ainsi que Céphyse, d'une organisation vivace et ardente, d'un sang riche et chaud, d'appétits exigeants, ne peuvent se résigner à vivre seulement d'un salaire qui ne leur permet pas même de manger à leur faim. Quant à quelques distractions si modestes qu'elles soient, quant à des vêtements, non pas coquets mais propres, besoin aussi impérieux que la faim chez la majorité de l'espèce, il n'y faut pas songer...

Qu'arrive-t-il?

Un amant se présente; il parle de fêtes, de bals, de promenades aux champs, à une malheureuse fille toute palpitante de jeunesse et clouée sur sa chaise, dix-huit heures par jour,.. dans quelque taudis sombre et infect; le tentateur parle de vêtements élégants et frais, et la mauvaise robe qui couvre l'ouvrière ne la défend pas même du froid; le tentateur parle de mets délicats... et le pain qu'elle dévore est loin de rassasier chaque soir son appétit de dix-sept ans....

Alors elle cède à ces offres pour elle irrésistibles.

Et bientôt vient le délaissement, l'abandon de l'amant; mais l'habitude de l'oisiveté est prise, la crainte de la misère a grandi à mesure que la vie s'est un peu raffinée; le travail même incessant, ne suffirait plus aux dépenses accoutumées;... alors, par faiblesse, par peur... par insouciance,... on descend d'un degré de plus dans le vice ; puis enfin l'on tombe au plus profond de l'infamie, et, ainsi que le disait Céphyse, les unes vivent de l'infamie... d'autres en meurent.

Meurent-elles comme Céphyse, on doit les plaindre plus encore que les blâmer.

La société ne perd-elle pas ce droit de blâme dès que toute créature humaine, d'abord laborieuse et honnête, n'a pas trouvé, disons-le toujours, en retour de son travail assidu, un logement salubre, un vêtement chaud, des aliments suffisants, quelques jours de repos et toute facilité d'étudier, de s'instruire; parce que le pain de l'âme est dû à tous comme le pain du corps en échange de leur travail et de leur probité ?

Oui, une société égoïste et marâtre est responsable de tant de vices, de tant d'actions mauvaises, qui ont eu pour seule cause première :

L'impossibilité matérielle de vivre sans faillir.

Oui, nous le répétons, un nombre effrayant de femmes n'ont que le choix entre :

Une misère homicide;

La prostitution ;

Le suicide.

Et cela, disons-le encore, l'on nous entendra peut-être, et cela parce que le salaire de ces infortunées est insuffisant, dérisoire;... non que leurs patrons soient généralement durs ou injustes, mais parce que souffrant cruellement eux-mêmes des continuelles réactions d'une concurrence anarchique, parce que, écrasés sous le poids d'une implacable féodalité industrielle (état de choses maintenu, imposé par l'inertie, l'intérêt ou le mauvais vouloir des gouvernants), ils sont forcés d'amoindrir chaque jour les salaires pour éviter une ruine complète.

Et tant de déplorables infortunes sont-elles au moins quelquefois allégées par une lointaine espérance d'un avenir meilleur ? Hélas ! on n'ose le croire...

Supposons qu'un homme sincère, sans aigreur, sans passion, sans amertume, sans violence, mais le cœur douloureusement navré de tant de misères, vienne simplement poser cette question à nos législateurs :

« Il résulte de faits évidents, prouvés, irré-
» cusables, que des milliers de femmes sont
» obligées de vivre à Paris avec CINQ FRANCS
» au plus par semaine... entendez-vous bien :
» CINQ FRANCS PAR SEMAINE... pour se loger, se
» vêtir, se chauffer, se nourrir. Et beaucoup
» de ces femmes sont veuves et ont de petits
» enfants; je ne ferai pas, comme on dit, *de*
» *phrases!* Je vous conjure seulement de penser
» à vos filles, à vos sœurs, à vos femmes, à
» vos mères... Comme elles, pourtant, ces
» milliers de pauvres créatures, vouées à un
» sort affreux et forcément démoralisateur,
» sont mères, filles, sœurs, épouses. Je vous
» le demande au nom de la charité, au nom
» du bon sens, au nom de l'intérêt de tous,
» au nom de la dignité humaine, un tel état
» de choses, qui va d'ailleurs toujours s'ag-
» gravant, est-il tolérable? est-il possible? Le
» souffrirez-vous, surtout si vous songez aux
» maux effroyables, aux vices sans nombre
» qu'engendre une telle misère ?

Que se passerait-il parmi nos législateurs ?

Sans doute ils répondraient... douloureusement, navrés (il faut le croire) de leur impuissance :

« Hélas ! c'est désolant, nous gémissons de si grandes misères ; mais nous ne pouvons rien.

— Nous ne pouvons rien ! !

De tout ceci la morale est simple, la conclusion facile et à la portée de tous,... de ceux qui souffrent surtout ;... et ceux-là, en nombre immense, concluent souvent,... concluent beaucoup, à leur manière,... et ils attendent.

Aussi un jour viendra peut-être où la société regrettera bien amèrement sa déplorable insouciance ; alors les heureux de ce monde auront de terribles comptes à demander aux gens qui, à cette heure, nous gouvernent, car ils auraient pu, sans crise, sans violences, sans secousse, assurer le bien-être du travailleur et la tranquillité du riche.

Et en attendant une solution quelconque à ces questions si douloureuses, qui intéressent l'avenir de la société,... du monde peut-être, bien des pauvres créatures, comme la Mayeux, comme Céphyse, mourront de misère et de désespoir.

. . . .

En quelques minutes les deux sœurs eurent achevé de confectionner avec la paille de leur couche les bourrelets et les tampons destinés à intercepter l'air et à rendre l'asphyxie plus rapide et plus sûre.

La Mayeux dit à sa sœur :

— Toi qui es la plus grande, Céphyse, tu te chargeras du plafond, moi de la fenêtre et de la porte.

— Sois tranquille, sœur,... j'aurai fini avant toi — répondit Céphyse.

Et les deux jeunes filles commencèrent à intercepter soigneusement les courants d'air qui jusque-là sifflaient dans cette mansarde délabrée.

Céphyse, grâce à sa taille élevée, atteignit aux crevasses du toit, qui furent hermétiquement bouchées.

Cette triste besogne accomplie, les deux sœurs revinrent l'une auprès de l'autre et se regardèrent en silence.

Le moment fatal approchait; leurs physionomies, quoique toujours calmes, semblaient légèrement animées par cette surexcitation étrange qui accompagne toujours les doubles suicides.

— Maintenant — dit la Mayeux — vite le fourneau...

Et elle s'agenouilla devant le petit réchaud rempli de charbon ; mais Céphyse, prenant sa sœur par-dessous les bras, l'obligea de se relever, en lui disant :

— Laissez-moi allumer le feu,... cela me regarde...

— Mais, Céphyse...

— Tu sais, pauvre sœur, combien l'odeur du charbon te fait mal à la tête?

A cette naïveté, car la reine Bacchanal parlait sérieusement, les deux sœurs ne purent s'empêcher de sourire tristement.

— C'est égal — reprit Céphyse. — A quoi bon... te donner une souffrance de plus,... et plus tôt?

Puis montrant à sa sœur la paillasse encore un peu garnie, Céphyse ajouta :

SUICIDE.

— Tu vas te coucher là, bonne petite sœur ; lorsque le fourneau sera allumé, je viendrai m'asseoir à côté de toi.

— Ne sois pas long-temps... Céphyse.

— Dans cinq minutes c'est fait.

Le bâtiment élevé sur la rue était séparé par une cour étroite du corps de logis où se trouvait le réduit des deux sœurs, et le dominait tellement, qu'une fois le soleil disparu derrière de hauts pignons, la mansarde devint assez obscure ; le jour voilé de la fenêtre aux carreaux presque opaques, tant ils étaient sordides, éclairait faiblement la vieille paillasse à carreaux bleus et blancs sur laquelle la Mayeux, vêtue d'une robe en lambeaux, se tenait à demi couchée. S'accoudant alors sur son bras gauche, le menton appuyé dans la paume de sa main, elle se mit à regarder sa sœur avec une expression déchirante.

Céphyse, agenouillée devant le réchaud, le visage penché vers le noir charbon au-dessus duquel voltigeait déjà çà et là une petite flamme bleuâtre... Céphyse soufflait avec force sur un peu de braise allumée, qui jetait sur la pâle figure de la jeune fille des reflets ardents.

Le silence était profond...

L'on n'entendait pas d'autre bruit que celui du souffle haletant de Céphyse, et, par intervalles, la légère crépitation du charbon, qui, commençant à s'embraser, exhalait déjà une odeur fade à soulever le cœur.

Céphyse, voyant le réchaud complétement allumé et se sentant déjà un peu étourdie, se releva et dit à sa sœur en s'approchant d'elle :

— C'est fait...

— Ma sœur — reprit la Mayeux en se mettant à genoux sur la paillasse pendant que Céphyse était encore debout — comment allons-nous nous placer ? Je voudrais bien être tout près de toi,... jusqu'à la fin...

— Attends — dit Céphyse en exécutant à mesure les mouvements dont elle parlait, — je vais m'asseoir au chevet de la paillasse, adossée au mur. Maintenant, petite sœur, viens, couche-toi là... Bon ;... appuie ta tête sur mes genoux... et donne-moi ta main... Es-tu bien ainsi ?

— Oui, mais je ne peux pas te voir.

— Cela vaut mieux... Il paraît qu'il y a un moment, bien court,... il est vrai,... où l'on souffre beaucoup... Et... — ajouta Céphyse d'une voix émue — autant ne pas nous voir souffrir.

— Tu as raison, Céphyse...

— Laisse-moi baiser une dernière fois tes beaux cheveux — dit Céphyse en pressant contre ses lèvres la chevelure soyeuse qui couronnait le pâle et mélancolique visage de la Mayeux — et puis après, nous nous tiendrons bien tranquilles...

— Sœur,... ta main... — dit la Mayeux — une dernière fois ta main,... et après, comme tu le dis, nous ne bougerons plus... et nous n'attendrons pas long-temps, je crois, car je commence à me sentir étourdie ;... et toi... sœur ?...

— Moi ?... pas encore — dit Céphyse — je ne m'aperçois... que de l'odeur du charbon.

— Tu ne prévois pas à quel cimetière on

nous mènera ? — dit la Mayeux après un moment de silence.

— Non, pourquoi cette question?

— Parce que je préférerais le Père-Lachaise ;... j'y ai été une fois avec Agricol et sa mère... Quel beau coup d'œil... partout des arbres... des fleurs... du marbre... Sais-tu que les morts... sont mieux logés... que les vivants... et...

— Qu'as-tu, sœur ?... — dit Céphyse à la Mayeux, qui s'était interrompue après avoir parlé d'une voix plus lente.

— J'ai comme... des vertiges,... les tempes me bourdonnent... — répondit la Mayeux. — Et toi, comment te sens-tu ?

— Je commence seulement à être un peu étourdie; c'est singulier, chez moi... l'effet est plus tardif que chez toi.

— Oh ! c'est que moi — dit la Mayeux en tâchant de sourire — j'ai toujours été... si précoce.... Te souviens-tu,... à l'école des sœurs, on disait que j'étais toujours plus avancée que les autres... Cela m'arrive encore,... comme tu vois.

— Oui... mais j'espère te rattraper tout à l'heure — dit Céphyse.

Ce qui étonnait les deux sœurs était naturel ; quoique très-affaiblie par les chagrins et par la misère, la reine Bacchanal, d'une constitution aussi robuste que celle de la Mayeux était frêle et délicate, devait ressentir beaucoup moins promptement que sa sœur les effets de l'asphyxie.

Après un instant de silence, Céphyse reprit en posant sa main sur le front de la Mayeux, dont elle supportait toujours la tête sur ses genoux :

— Tu ne me dis rien,... sœur !... tu souffres, n'est-ce pas ?

— Non — dit la Mayeux d'une voix affaiblie ; — mes paupières sont pesantes comme du plomb,... l'engourdissement me gagne,... je m'aperçois... que je parle plus lentement,... mais je ne sens encore aucune douleur vive... Et toi, sœur ?

— Pendant que tu me parlais, j'ai éprouvé un vertige ; maintenant mes tempes battent avec force...

— Comme elles me battaient tout à l'heure ; on croirait que c'est plus douloureux et plus difficile que cela,... de mourir...

Puis, après un moment de silence, la Mayeux dit soudain à sa sœur :

— Crois-tu qu'Agricol me regrette beaucoup,... et pense long-temps à moi ?

— Peux-tu demander cela ?... — dit Céphyse d'un ton de reproche.

— Tu as raison... — reprit doucement la Mayeux — il y a un mauvais sentiment dans ce doute ;... mais si tu savais ?...

— Quoi, sœur ?

La Mayeux hésita un instant et dit avec accablement :

— Rien...

Puis elle ajouta :

— Heureusement, je meurs bien convaincue qu'il n'aura jamais besoin de moi ; il est marié à une jeune fille charmante ; ils s'aiment ;... je suis sûre... qu'elle fera son bonheur.

En prononçant ces derniers mots, l'accent

de la Mayeux s'était de plus en plus affaibli...
Tout à coup elle tressaillit, et dit à Céphyse,
d'une voix tremblante, presque craintive :

— Ma sœur,... serre-moi bien... dans tes
bras;... oh! j'ai peur : je vois... tout... d'un
bleu sombre,... et les objets... tourbillonnent
autour de moi...

Et la malheureuse créature, se relevant
un peu, cacha son visage dans le sein de sa
sœur, toujours assise, et l'entoura de ses
deux bras languissants.

— Courage!,... sœur... — dit Céphyse en
la serrant contre sa poitrine; et, d'une voix
qui s'affaiblissait aussi : — Ça va finir...

Et Céphyse ajouta avec un mélange d'envie
et d'effroi :

— Pourquoi donc ma sœur est-elle si vite
défaillante?... J'ai encore toute ma tête et je
souffre moins qu'elle... Oh! mais cela ne
durera pas;... si je pensais qu'elle dût mourir
avant moi, j'irais me mettre le visage au-dessus du réchaud;... oui;... et j'y vais.

Au mouvement que fit Céphyse pour se

lever, une faible étreinte de sa sœur la retint.

— Tu souffres, pauvre petite?... — dit Céphyse en tremblant.

— Oh!... oui,... à cette heure,... beaucoup,... ne me quitte pas... Je t'en prie...

— Et moi..., rien..., presque rien encore... — se dit Céphyse en jetant un coup d'œil farouche sur le réchaud... — Ah!... si;... pourtant — ajouta-t-elle avec une sorte de joie sinistre — je commence à étouffer, et il... me semble... que ma tête... va se fendre...

En effet, le gaz délétère remplissait alors la petite chambre dont il avait peu à peu chassé tout l'air respirable...

Le jour s'avançait; la mansarde, devenue assez obscure, était éclairée par la réverbération du fourneau, qui jetait ses reflets rougeâtres sur le groupe des deux sœurs étroitement embrassées.

Soudain la Mayeux fit quelques légers mouvements convulsifs, en prononçant ces mots d'une voix éteinte :

— Agricol... mademoiselle de Cardoville... Oh! adieu... Agricol... je te...

Puis elle murmura quelques autres paroles inintelligibles; ses mouvements convulsifs cessèrent, et ses bras, qui enlaçaient Céphyse, retombèrent inertes sur la paillasse.

— Ma sœur... — s'écria Céphyse effrayée, en soulevant la tête de la Mayeux entre ses deux mains pour la regarder — toi,... déjà, ma sœur,... mais moi? mais moi?

La douce figure de la Mayeux n'était pas plus pâle que de coutume, seulement ses yeux à demi fermés n'avaient plus de regard; un demi-sourire rempli de tristesse et de bonté erra encore un instant sur ses lèvres violettes, d'où s'échappait un souffle imperceptible,... puis sa bouche devint immobile: l'expression du visage était d'une grande sérénité.

— Mais tu ne dois pas mourir avant moi... — s'écria Céphyse d'une voix déchirante en couvrant de baisers les joues de la Mayeux, qui se refroidirent sous ses lèvres. — Ma sœur... attends-moi,... attends-moi...

La Mayeux ne répondit pas ; sa tête, que Céphyse abandonna un moment, retomba doucement sur la paillasse.

— Mon Dieu ! je te le jure... ce n'est pas ma faute si nous ne mourons pas ensemble !... — s'écria avec désespoir Céphyse agenouillée devant la couche où était étendue la Mayeux.

— Morte !... — murmura Céphyse épouvantée — la voilà morte... avant moi ;... c'est peut-être que je suis la plus forte... Ah !... heureusement... je commence... comme elle... tout à l'heure... à voir d'un bleu sombre... oh !... je souffre... quel bonheur !... Oh ! l'air me manque... Sœur — ajouta-t-elle en jetant ses bras autour du cou de la Mayeux — me voilà... je viens...

Soudain, un bruit de pas et de voix se fit entendre dans l'escalier.

Céphyse avait encore assez de présence d'esprit pour que ces sons arrivassent jusqu'à elle.

Toujours étendue sur le corps de sa sœur, elle redressa la tête.

Le bruit se rapprocha de plus en plus ; bientôt une voix s'écria au dehors, à peu de distance de la porte :

— Grand Dieu !... quelle odeur de charbon !...

Et au même instant les ais de la porte furent ébranlés tandis qu'une autre voix s'écriait :

— Ouvrez !... ouvrez !

— On va entrer,... me sauver... moi ;... et ma sœur est morte... Oh! non... je n'aurai pas la lâcheté de lui survivre.

Telle fut la dernière pensée de Céphyse.

Usant de tout ce qui lui restait de forces pour courir à la fenêtre, elle l'ouvrit ;... et au moment même où la porte à demi brisée cédait sous un vigoureux effort... la malheureuse créature se précipita dans la cour du haut de ce troisième étage. A cet instant, Adrienne et Agricol paraissaient au seuil de la chambre.

Malgré l'odeur suffocante du charbon, mademoiselle de Cardoville se précipita dans la mansarde ; et, voyant le réchaud, s'écria :

— La malheureuse enfant!... elle s'est tuée!...

— Non... elle s'est jetée par la fenêtre — s'écria Agricol, car il avait vu, au moment où la porte se brisait, une forme humaine disparaître par la croisée où il courut.

— Ah!... c'est affreux — s'écria-t-il bientôt, et poussant un cri déchirant il mit sa main devant ses yeux et se retourna pâle, terrifié, vers mademoiselle de Cardoville.

Mais se méprenant sur la cause de l'épouvante d'Agricol, Adrienne, qui venait d'apercevoir la Mayeux à travers l'obscurité, répondit :

— Non,... la voici...

Et elle montra au forgeron la pâle figure de la Mayeux étendue sur la paillasse, auprès de laquelle Adrienne se jeta à genoux ;..... saisissant les mains de la pauvre ouvrière, elle les trouva glacées... lui posant vite la main sur le cœur, elle ne le sentit plus battre... Cependant, au bout d'une seconde, l'air frais entrant à flots par la porte et par la fenêtre, Adrienne crut remarquer une pulsation presque imperceptible et s'écria :

— Son cœur bat, vite du secours... Monsieur Agricol, courez! du secours... Heureusement... j'ai mon flacon.

— Oui... oui... du secours pour elle... et pour l'autre... s'il en est temps encore! — dit le forgeron désespéré en se précipitant vers l'escalier, laissant mademoiselle de Cardoville agenouillée devant la paillasse où était étendue la Mayeux.

CHAPITRE XVIII.

LES AVEUX.

Pendant la scène pénible que nous venons de raconter, une vive émotion avait coloré les traits de mademoiselle de Cardoville, pâlie, amaigrie par le chagrin. Ses joues, naguère d'une rondeur si pure, s'étaient déjà légèrement creusées, tandis qu'un cercle d'un faible et transparent azur cernait ses grands yeux noirs, tristement voilés au lieu d'être vifs et brillants comme par le passé; ses lèvres charmantes, quoique contractées par une inquiétude douloureuse, avaient cependant conservé leur incarnat humide et velouté.

Pour donner plus aisément ses soins à la Mayeux, Adrienne avait jeté au loin son chapeau, et les flots soyeux de sa belle chevelure d'or cachaient presque son visage baissé vers la paillasse auprès de laquelle elle se tenait agenouillée, serrant entre ses mains d'ivoire les mains fluettes de la pauvre ouvrière, complétement rappelée à la vie depuis quelques minutes, et par la salubre fraîcheur de l'air, et par l'activité des sels dont Adrienne portait sur elle un flacon ; heureusement l'évanouissement de la Mayeux avait été causé plus par son émotion et par sa faiblesse que par l'action de l'asphyxie, le gaz délétère du charbon n'ayant pas encore atteint son dernier degré d'intensité lorsque l'infortunée avait perdu connaissance.

Avant de poursuivre le récit de cette scène entre l'ouvrière et la patricienne, quelques mots rétrospectifs sont nécessaires.

Depuis l'étrange aventure du théâtre de la Porte-Saint-Martin, alors que Djalma, au péril de sa vie, s'était précipité sur la panthère noire sous les yeux de mademoiselle de Cardoville, la jeune fille avait été diversement et profondément affectée.

Oubliant et sa jalousie et son humiliation à la vue de Djalma... de Djalma s'affichant aux yeux de tous avec une femme qui semblait si peu digne de lui, Adrienne, un moment éblouie par l'action à la fois chevaleresque et héroïque du prince, s'était dit :

« Malgré d'odieuses apparences, Djalma
» m'aime assez pour avoir bravé la mort
» afin de ramasser mon bouquet. »

Mais chez cette jeune fille d'une âme si délicate, d'un caractère si généreux, d'un esprit si juste et si droit, la réflexion, le bon sens devaient bientôt démontrer la vanité de pareilles consolations, bien impuissantes à guérir les cruelles blessures de son amour et de sa dignité si cruellement atteints.

— Que de fois — se disait Adrienne avec raison — le prince a affronté à la chasse, par pur caprice et sans raison, un danger pareil à celui qu'il a bravé pour ramasser mon bouquet! et encore... qui me dit que ce n'était pas pour l'offrir à la femme dont il était accompagné?

Étranges peut-être aux yeux du monde, mais justes et grandes aux yeux de Dieu, les idées qu'Adrienne avait sur l'amour, jointes à sa légitime fierté, étaient un obstacle invincible à ce qu'elle pût jamais songer à *succéder* à cette femme (quelle qu'elle fût d'ailleurs) que le prince avait affichée en public comme sa maîtresse.

Et pourtant, Adrienne osait à peine se l'avouer, elle ressentait une jalousie d'autant plus pénible, d'autant plus humiliante, contre sa rivale, que celle-ci semblait moins digne de lui être comparée.

D'autres fois, au contraire, malgré la conscience qu'elle avait de sa propre valeur, mademoiselle de Cardoville, se rappelant les traits charmants de Rose-Pompon, se demandait si le mauvais goût, si les manières libres et inconvenantes de cette jolie créature étaient l'effet d'une effronterie précoce et dépravée ou de l'ignorance complète des usages ; dans ce dernier cas, cette ignorance même, résultant peut-être d'un naturel naïf, ingénu, pouvait avoir un grand attrait : enfin, si à ce charme et à celui d'une incontestable beauté se joignaient un amour sincère et une âme pure, peu importait l'obscurité de la naissance et la mauvaise éducation de cette jeune fille ; elle pouvait inspirer à Djalma une passion profonde.

Si Adrienne hésitait souvent à voir dans Rose-Pompon, malgré tant de fâcheuses apparences, une créature perdue, c'est que, se souvenant de ce que tant de voyageurs racontaient de l'élévation d'âme de Djalma, se souvenant surtout de la conversation qu'elle avait un jour surprise entre lui et Rodin, elle se refusait à croire qu'un homme doué d'un esprit si remarquable, d'un cœur si tendre, d'une âme si poétique, si rêveuse, si enthousiaste de l'idéal, fût capable d'aimer une créature dépravée, vulgaire, et de se montrer audacieusement en public avec elle... Là était un mystère qu'Adrienne s'efforçait en vain de pénétrer.

Ces doutes navrants, cette curiosité cruelle alimentaient encore le funeste amour d'Adrienne, et l'on doit comprendre son incurable désespoir, en reconnaissant que l'indifférence, que les mépris mêmes de Djalma, ne pouvaient tuer cet amour plus brûlant, plus passionné que jamais ; tantôt se rejetant dans des idées de fatalité de cœur, elle se disait qu'elle *devait* éprouver cet amour, que Djalma le méritait, et qu'un jour ce qu'il y avait d'incompréhensible dans la conduite du prince s'expliquerait à son avantage à lui ; tantôt au contraire, honteuse d'excuser Djalma, la conscience de cette faiblesse était, pour Adrienne, un remords, une torture de chaque instant ; victime enfin de ces chagrins inouïs, elle vécut dès lors dans une solitude profonde.

Bientôt le choléra éclata comme la foudre. Trop malheureuse pour craindre ce fléau, Adrienne ne s'émut que du malheur des autres. L'une des premières, elle concourut à ces dons considérables qui affluèrent de toutes parts avec un admirable sentiment de charité. Florine avait été subitement frappée par l'épidémie ; sa maîtresse, malgré le danger, voulut la voir et remonter son courage abattu. Florine, vaincue par cette nouvelle preuve de bonté, ne put cacher plus longtemps la trahison dont elle s'était jusqu'alors rendue complice : la mort devant la délivrer sans doute de l'odieuse tyrannie des gens dont elle subissait le joug, elle pouvait enfin tout révéler à Adrienne.

Celle-ci apprit ainsi, et l'espionnage incessant de Florine, et la cause du brusque départ de la Mayeux.

A ces révélations, Adrienne sentit son affection, sa tendre pitié pour la pauvre ouvrière, augmenter encore. Par son ordre, les plus actives démarches furent faites pour retrouver les traces de la Mayeux. Les aveux de Florine eurent un résultat plus important encore ; Adrienne, justement alarmée de cette nouvelle preuve des machinations de Rodin, se rappela les projets formés alors que, se croyant aimée, l'instinct de son amour lui révélait les périls que couraient Djalma et les autres membres de la famille Rennepont. Réunir ceux de sa race, les rallier contre l'ennemi commun, telle fut la pensée d'Adrienne après les révélations de Florine ; cette pensée, elle regarda comme un devoir de l'accomplir ; dans cette lutte contre des adversaires aussi dangereux, aussi puissants que Rodin, le P. d'Aigrigny, la princesse de Saint-Dizier et leurs affiliés, Adrienne vit non-seulement la louable et périlleuse tâche de démasquer l'hypocrisie et la cupidité, mais encore, sinon une consolation, du moins une généreuse distraction à d'affreux chagrins.

De ce moment, une activité inquiète, fébrile, remplaça la morne et douloureuse apathie où languissait la jeune fille. Elle convoqua autour d'elle toutes les personnes de sa famille, capables de se rendre à son appel, et, ainsi que l'avait dit la note secrète remise au P. d'Aigrigny, l'hôtel de Cardoville devint bientôt le foyer de démarches actives, incessantes, le centre de fréquentes réunions de famille, où les moyens d'attaque et de défense étaient vivement débattus.

Parfaitement exacte sur tous les points, la note secrète dont on a parlé (et encore l'indication suivante était-elle énoncée sous la forme du doute), la note secrète supposait que mademoiselle de Cardoville avait accordé une entrevue à Djalma ; le fait était faux. L'on saura plus tard la cause qui avait pu accréditer ce soupçon ; loin de là, mademoiselle de Cardoville trouvait à peine, dans la préoccupation des grands intérêts de famille dont on a parlé, une distraction passagère au funeste amour qui la minait sourdement, et qu'elle se reprochait avec tant d'amertume.

Le matin même de ce jour où Adrienne, apprenant enfin la demeure de la Mayeux, venait l'arracher si miraculeusement à la mort, Agricol Baudoin se trouvant à ce moment à l'hôtel de Cardoville pour y conférer au sujet de M. François Hardy, avait supplié Adrienne de lui permettre de l'accompagner rue Clovis, et tous deux s'y étaient rendus en hâte.

Ainsi, cette fois encore, noble spectacle, touchant symbole :... mademoiselle de Cardoville et la Mayeux, les deux extrêmes de la chaîne sociale, se touchaient et se confondaient dans une attendrissante égalité,... car l'ouvrière et la patricienne se valaient par l'intelligence, par l'âme et par le cœur;... elles se valaient encore parce que celle-ci était un idéal de richesse, de grâce et de beauté,... celle-là un idéal de résignation et de malheur immérité ; hélas ! le malheur souffert avec courage et dignité n'a-t-il pas aussi son auréole ?

La Mayeux, étendue sur la paillasse, paraissait si faible que, lors même qu'Agricol n'eût pas été retenu au rez-de-chaussée de la maison, auprès de Céphyse, alors expirante d'une mort horrible, mademoiselle de Cardoville eût encore attendu quelque temps avant d'engager la Mayeux à se lever et à descendre jusqu'à sa voiture.

Grâce à la présence d'esprit et au pieux mensonge d'Adrienne, l'ouvrière était persuadée que Céphyse avait pu être transportée dans une ambulance voisine, où on lui donnait les soins nécessaires, et qui semblaient devoir être couronnés de succès. Les facultés de la Mayeux ne se réveillant pour ainsi dire que peu à peu de leur engourdissement, elle avait d'abord accepté cette fable sans le moindre soupçon, ignorant aussi qu'Agricol eût accompagné mademoiselle de Cardoville.

— Et c'est à vous, mademoiselle, que Céphyse et moi devons la vie ! — disait la

Mayeux, son mélancolique et touchant visage tourné vers Adrienne — vous, agenouillée dans cette mansarde... auprès de ce lit de misère, où ma sœur et moi nous voulions mourir!... car Céphyse... vous me l'assurez, n'est-ce pas, mademoiselle,... a été comme moi secourue à temps?

— Oui, rassurez-vous, tout à l'heure on est venu m'annoncer qu'elle avait repris ses sens.

— Et on lui a dit que je vivais... n'est-ce pas, mademoiselle?... Sans cela, elle regretterait peut-être de m'avoir survécu.

— Soyez tranquille, chère enfant — dit Adrienne en serrant les mains de la Mayeux entre les siennes, et attachant sur elle ses yeux humides de larmes. — On a dit tout ce qu'il fallait dire. Ne vous inquiétez pas, ne songez qu'à revenir à la vie... et,... je l'espère,... au bonheur... que, jusqu'à présent, vous avez si peu connu, pauvre petite.

— Que de bontés, mademoiselle!... après ma fuite de chez vous... quand vous devez me croire si ingrate!

— Tout à l'heure... lorsque vous serez moins faible... je vous dirai bien des choses... qui maintenant fatigueraient peut-être votre attention ; mais comment vous trouvez-vous ?

— Mieux... mademoiselle,... ce bon air,... et puis la pensée que, puisque vous voilà,... ma pauvre sœur ne sera plus réduite au désespoir,... car, moi aussi, je vous dirai tout, et, j'en suis sûre, vous aurez pitié de Céphyse, n'est-ce pas, mademoiselle ?

— Comptez toujours sur moi, mon enfant — répondit Adrienne en dissimulant son pénible embarras ; — vous le savez, je m'intéresse à tout ce qui vous intéresse... Mais, dites-moi — ajouta mademoiselle de Cardoville d'une voix émue — avant de prendre cette résolution désespérée, vous m'aviez écrit, n'est-ce pas ?

— Oui, mademoiselle.

— Hélas ! — reprit tristement Adrienne — en ne recevant pas de réponse de moi, combien vous avez dû me trouver oublieuse,... cruellement ingrate !...

— Oh ! jamais je ne vous ai accusée, mademoiselle ; ma pauvre sœur vous le dira. Je vous ai été reconnaissante jusqu'à la fin.

— Je vous crois,... je connais votre cœur ; mais enfin,... mon silence... comment donc pouviez-vous l'expliquer ?

— Je vous ai crue justement blessée de mon brusque départ, mademoiselle...

— Moi... blessée !... Hélas ! votre lettre... je ne l'ai pas reçue !

— Et pourtant vous savez que je vous l'ai adressée, mademoiselle ?

— Oui, ma pauvre amie : je sais encore que vous l'avez écrite chez mon portier ; malheureusement il a remis votre lettre à une de mes femmes nommée Florine, en lui disant que cette lettre venait de vous.

— Mademoiselle Florine ! cette jeune personne si bonne pour moi ?

— Florine me trompait indignement ; vendue à mes ennemis, elle leur servait d'espion.

— Elle !... mon Dieu !—s'écria la Mayeux. Est-il possible !

— Elle-même — répondit amèrement Adrienne ; mais il faut, après tout, la plaindre autant que la blâmer : elle était forcée d'obéir à une nécessité terrible, et ses aveux, son repentir, lui ont assuré mon pardon avant sa mort.

— Morte aussi, elle,... si jeune !... si belle !...

— Malgré ses torts, sa fin m'a profondément émue ; car elle a avoué ses fautes avec des regrets déchirants. Parmi ces aveux, elle m'a dit avoir intercepté une lettre, dans laquelle vous me demandiez une entrevue qui pouvait sauver la vie de votre sœur.

— Cela est vrai, mademoiselle... Tels étaient les termes de ma lettre ; mais quel intérêt avait-on à vous la cacher ?

— On craignait de vous voir revenir auprès de moi, mon bon ange gardien... vous m'aimiez si tendrement... Mes ennemis ont redouté votre fidèle affection, merveilleusement servie par l'admirable instinct de votre cœur... Ah ! je n'oublierai jamais combien était méritée l'horreur que vous inspirait un misérable que je défendais contre vos soupçons.

— M. Rodin ?... dit la Mayeux en frémissant.

— Oui... — répondit Adrienne ; — mais ne parlons pas maintenant de ces gens-là... Leur odieux souvenir gâterait la joie que j'éprouve à vous voir renaître... car votre voix est moins faibl , vos joues se colorent un peu. Dieu soit béni ; je suis si heureuse de vous retrouver !... Si vous saviez tout ce que j'espère, tout ce que j'attends de notre réunion, car nous ne nous quitterons plus , n'est-ce pas ? Oh ! promettez-le-moi... au nom de notre amitié.

— Moi... mademoiselle... votre amie ! — dit la Mayeux en baissant timidement les yeux...

— Il y a quelques jours, avant votre départ de chez moi, ne vous appelai-je pas mon amie, ma sœur ! Qu'y a-t-il de changé ? Rien... rien — ajouta mademoiselle de Cardoville avec un profond attendrissement ; — on dirait, au contraire, qu'un fatal rapprochement dans nos positions me rend votre amitié plus chère... plus précieuse encore ;... et elle m'est acquise, n'est-ce pas ?... Oh ! ne me refusez pas, j'ai tant besoin d'une amie...

— Vous... mademoiselle.... vous auriez besoin de l'amitié d'une pauvre créature comme moi ?

— Oui — répondit Adrienne en regardant la Mayeux avec une expression de douleur navrante — et bien plus,... vous êtes peut-être la seule personne à qui je pourrais,.. à qui j'oserais confier des chagrins... bien amers...

Et les joues de mademoiselle de Cardoville se colorèrent vivement.

—Et qui me mérite une pareille marque de confiance , mademoiselle? — demanda la Mayeux de plus en plus surprise.

— La délicatesse de votre cœur, la sûreté de votre caractère — répondit Adrienne avec une légère hésitation ;... — puis, vous êtes femme... et, j'en suis certaine, mieux que personne, vous comprendrez ce que je souffre, et vous me plaindrez...

— Vous plaindre,... mademoiselle — dit la Mayeux, dont l'étonnement augmentait encore — vous si grande dame et si enviée,... moi si humble et si infime, je pourrais vous plaindre?

— Dites, ma pauvre amie — reprit Adrienne après quelques instants de silence — les douleurs les plus poignantes ne sont-ce pas celles que l'on n'ose avouer à personne de crainte des railleries ou du mépris... Comment oser demander de l'intérêt ou de la pitié pour des souffrances que l'on n'ose s'avouer à soi-même, parce qu'on en rougit à ses propres yeux?

La Mayeux pouvait à peine croire ce qu'elle entendait; sa bienfaitrice eût, comme elle, éprouvé un amour malheureux, qu'elle n'aurait pas tenu un autre langage. Mais l'ouvrière ne pouvait admettre une supposition pareille; aussi, attribuant à une autre cause les chagrins d'Adrienne, elle répondit tristement en songeant à son fatal amour pour Agricol:

— Oh! oui, mademoiselle, une peine dont on a honte,... cela doit être affreux!... Oh! bien affreux!

— Mais aussi quel bonheur de rencontrer,

non-seulement un cœur assez noble pour vous inspirer une confiance entière, mais encore assez éprouvé par mille chagrins pour être capable de vous offrir pitié, appui, conseil !... Dites, ma chère enfant — ajouta mademoiselle de Cardoville en regardant attentivement la Mayeux — si vous étiez accablée par une de ces souffrances dont on rougit, ne seriez-vous pas heureuse, bien heureuse, de trouver une âme sœur de la vôtre, où vous pourriez épancher vos chagrins et les alléger de moitié par une confiance entière et méritée ?

Pour la première fois de sa vie, la Mayeux regarda mademoiselle de Cardoville avec un sentiment de défiance et de tristesse.

Les dernières paroles de la jeune fille lui semblaient significatives. — « Sans doute elle
» sait mon secret — se dit la Mayeux ; —
» sans doute mon journal est tombé entre
» ses mains ; elle connaît mon amour pour
» Agricol, ou elle le soupçonne ; ce qu'elle
» m'a dit jusqu'ici a eu pour but de pro-
» voquer des confidences afin de s'assurer si
» elle est bien informée. »

Ces pensées ne soulevaient dans l'âme de la Mayeux aucun sentiment amer ou ingrat contre sa bienfaitrice; mais le cœur de l'infortunée était d'une si ombrageuse délicatesse, d'une si douloureuse susceptibilité à l'endroit de son funeste amour, que, malgré sa profonde et tendre affection pour mademoiselle de Cardoville, elle souffrit cruellement en la croyant maîtresse de son secret.

CHAPITRE XIX.

LES AVEUX (suite).

Cette pensée d'abord si pénible : que mademoiselle de Cardoville était instruite de son amour pour Agricol, se transforma bientôt dans le cœur de la Mayeux, grâce aux généreux instincts de cette rare et excellente créature, en un regret touchant, qui montrait tout son attachement, toute sa vénération pour Adrienne.

« Peut-être — se disait la Mayeux — vaincue
» par l'influence que l'adorable bonté de ma
» protectrice exerce sur moi, je lui aurais
» fait un aveu que je n'aurais fait à personne,

» un aveu que, tout à l'heure encore, je
» croyais emporter dans ma tombe;... c'eût
» été du moins une preuve de ma reconnais-
» sance pour mademoiselle de Cardoville: mais
» malheureusement me voici privée du triste
» bonheur de confier à ma bienfaitrice le
» seul secret de ma vie. Et d'ailleurs, si géné-
» reuse que soit sa pitié pour moi, si intelli-
» gente que soit son affection, il ne lui est
» pas donné, à elle si belle, si admirée, il ne
» lui est pas donné de jamais comprendre ce
» qu'il y a d'affreux dans la position d'une
» créature comme moi, cachant au plus pro-
» fond de son cœur meurtri un amour aussi
» désespéré que ridicule. Non,... non ; et,
» malgré la délicatesse de son attachement
» pour moi, tout en me plaignant, ma bien-
» faitrice me blessera sans le savoir, car les
» *maux frères* peuvent seuls se consoler...
» Hélas ! pourquoi ne m'a-t-elle pas laissée
» mourir ? »

Ces réflexions s'étaient présentées à l'esprit de la Mayeux aussi rapides que la pensée. Adrienne l'observait attentivement : elle remarqua soudain que les traits de la jeune ouvrière, jusqu'alors de plus en plus rassérénés, s'attristaient de nouveau, et exprimaient un sentiment d'humiliation douloureuse. Effrayée de cette rechute de sombre accablement, dont les conséquences pouvaient devenir funestes, car la Mayeux, encore bien faible, était pour ainsi dire sur le bord de la tombe — mademoiselle de Cardoville reprit vivement :

— Mon amie,... ne pensez-vous donc pas comme moi,.. que le chagrin le plus cruel,.. le plus humiliant même, est allégé... lorsqu'on peut l'épancher dans un cœur fidèle et dévoué ?

— Oui... mademoiselle — dit amèrement la jeune ouvrière ;—mais le cœur qui souffre, et en silence, devrait être seul juge du moment d'un si pénible aveu...Jusque-là il serait plus humain peut-être de respecter son douloureux secret,... si on l'a surpris.

— Vous avez raison, mon enfant — dit tristement Adrienne — si je choisis ce moment presque solennel, pour vous faire une bien pénible confidence,... c'est que, quand vous m'aurez entendue, vous vous rattacherez, j'en suis sûre, d'autant plus à l'existence, que vous saurez que j'ai un plus grand besoin de votre tendresse,... de vos consolations,... de votre pitié...

A ces mots, la Mayeux fit un effort pour se relever à demi, s'appuya sur sa couche, et regarda mademoiselle de Cardoville avec stupeur.

Elle ne pouvait croire à ce qu'elle entendait ; loin de songer à forcer ou à surprendre sa confiance, sa protecrice venait, disait-elle, lui faire un aveu pénible, et implorer ses consolations, sa pitié... à elle... la Mayeux.

— Comment ! — s'écria-t-elle en balbutiant — c'est vous, mademoiselle, qui venez...

— C'est moi qui viens vous dire :... Je souffre,... et j'ai honte de ce que je souffre... Oui... — ajouta la jeune fille avec une expression déchirante — oui... de tous les aveux, je viens vous faire le plus pénible... j'aime ! et je rougis... de mon amour.

— Comme moi...

S'écria involontairement la Mayeux en joignant les mains.

— J'aime... — reprit Adrienne avec une explosion de douleur long-temps contenue ; — oui, j'aime,... et on ne m'aime pas... Et mon amour est misérable, est impossible ;... il me dévore,... il me tue... et je n'ose confier à personne... ce fatal secret.

— Comme moi...

Répéta la Mayeux, le regard fixe.

— Elle... reine... par la beauté, par le rang, par la richesse, par l'esprit,... elle souffre comme moi. — reprit-elle.— Et comme moi pauvre malheureuse créature,.. elle aime,... et on ne l'aime pas...

— Eh bien !... oui... comme vous... j'aime,... et l'on ne m'aime pas,... — s'écria mademoiselle de Cardoville — avais-je donc tort de vous dire, qu'à vous seule je pouvais me confier,... parce qu'ayant souffert des mêmes maux, vous seule pouviez y compatir ?

— Ainsi... mademoiselle — dit la Mayeux en baissant les yeux et revenant de sa profonde surprise — vous saviez....

— Je savais tout, pauvre enfant;... mais jamais je ne vous aurais parlé de votre secret, si moi-même.... je n'avais pas eu à vous en confier un plus pénible encore;... le vôtre est cruel, le mien est humiliant... Oh ! ma sœur, vous le voyez — ajouta mademoiselle de Cardoville avec un accent impossible à rendre — le malheur efface, rapproche, confond ce que l'on appelle...les distances... Et souvent ces heureux du monde, que l'on envie tant, tombent, par d'affreuses douleurs, hélas ! bien au-dessous des plus humbles et des plus misérables, puisqu'à ceux-là ils demandent pitié,... consolation.

Puis essuyant ses larmes qui coulaient abondamment, mademoiselle de Cardoville reprit d'une voix émue :

— Allons sœur, courage, courage,... aimons-nous, soutenons-nous; que ce triste et mystérieux lien nous unisse à jamais.

— Ah ! mademoiselle, pardonnez-moi. Mais maintenant que vous savez le secret de ma vie — dit la Mayeux en baissant les yeux et ne pouvant vaincre sa confusion — il me semble que je ne pourrai plus vous regarder sans rougir.

— Pourquoi ? parce que vous aimez passionnément M. Agricol — dit Adrienne ; — mais alors il faudra donc que je meure de honte à vos yeux, car, moins courageuse que vous, je n'ai pas eu la force de souffrir, de me résigner, de cacher mon amour au plus profond de mon cœur ! Celui que j'aime, d'un amour désormais impossible, l'a connu, cet amour,... et il l'a méprisé... pour me préférer une femme dont le choix seul serait un nouvel et sanglant affront pour moi,... si les apparences ne me trompent pas sur elle... Aussi, quelquefois, j'espère qu'elles me trompent... Maintenant, dites... Est-ce à vous de baisser les yeux ?

— Vous, dédaignée... pour une femme indigne de vous être comparée ?... Ah ! mademoiselle, je ne puis le croire ! — s'écria la Mayeux.

— Et moi aussi, quelquefois, je ne puis le croire, et cela sans orgueil, mais parce que je sais ce que vaut mon cœur... Alors je me dis :

Non, celle que l'on me préfère a, sans doute, de quoi toucher l'âme, l'esprit et le cœur de celui qui me dédaigne pour elle.

— Ah ! mademoiselle, si tout ce que j'entends n'est pas un rêve,... si de fausses apparences ne vous égarent pas, votre douleur est grande !

— Oui, ma pauvre amie,... grande,... oh ! bien grande ;... et pourtant maintenant, grâce à vous, j'ai l'espoir que peut-être elle s'affaiblira, cette passion funeste ; peut-être trouverai-je la force de la vaincre,... car, lorsque vous saurez tout, absolument tout, je ne voudrai pas rougir à vos yeux,... vous, la plus noble, la plus digne des femmes,... vous,... dont le courage, la résignation sont et seront toujours pour moi un exemple.

— Ah ! mademoiselle,... ne parlez pas de mon courage, lorsque j'ai tant à rougir de ma faiblesse.

— Rougir ! mon Dieu ! toujours cette crainte ? Est-il, au contraire, quelque chose de plus touchant, de plus héroïquement dévoué que votre amour ? Vous, rougir ! Et pourquoi ? Est-ce d'avoir montré la plus sainte affection pour le loyal artisan que vous avez appris à aimer depuis votre enfance ? Rougir, est-ce d'avoir été pour sa mère la fille la plus tendre ? Rougir, est-ce d'avoir enduré, sans jamais vous plaindre, pauvre petite, mille souffrances, d'autant plus poignantes que les personnes qui vous les faisaient subir n'avaient pas conscience du mal qu'ils vous faisaient ? Pensait-on à vous blesser, lorsqu'au lieu de vous donner votre modeste nom de Madeleine, disiez-vous, on vous donnait toujours, sans y jamais songer, un surnom ridicule et injurieux ? Et pourtant pour vous, que d'humiliations, que de chagrins dévorés en secret !...

— Hélas ! mademoiselle, qui a pu vous dire... ?

— Ce que vous n'aviez confié qu'à votre journal ! n'est-ce pas ? Eh bien, sachez donc tout... Florine, mourante, m'a avoué ses méfaits. Elle avait eu l'indignité de vous dérober ces papiers, forcée d'ailleurs à cet acte odieux par les gens qui la dominaient ;... mais ce journal, elle l'avait lu... Et comme tout bon sentiment n'était pas éteint en elle, cette lecture où se révélaient votre admirable résignation, votre triste et pieux amour, cette lecture l'avait si profondément frappée qu'à son lit de mort elle a pu m'en citer quelques passages, m'expliquant ainsi la cause de votre disparition subite, car elle ne doutait pas que la crainte de voir divulguer votre amour pour Agricol n'eût causé votre fuite.

— Hélas ! il n'est que trop vrai, mademoiselle.

— Oh ! oui—reprit amèrement Adrienne — ceux qui faisaient agir cette malheureuse savaient bien où portait le coup... Ils n'en sont pas à leur essai ;... ils vous réduisaient au désespoir ;... ils vous tuaient... Mais, aussi... pourquoi m'étiez-vous si dévouée ? Pourquoi les aviez-vous devinés ? Oh ! ces robes noires sont implacables, et leur puissance est grande — dit Adrienne en frissonnant.

— Cela épouvante, mademoiselle.

— Rassurez-vous, chère enfant ; vous le voyez, les armes des méchants tournent souvent contre eux ; car, du moment où j'ai su la cause de votre fuite, vous m'êtes devenue plus chère encore. Dès lors, j'ai fait tout au monde pour vous retrouver ; enfin, après de longues démarches, ce matin seulement, la personne que j'avais chargée du soin de découvrir votre retraite, est parvenue à savoir que vous habitiez cette maison. M. Agricol se trouvait chez moi, il m'a demandé à m'accompagner.

— Agricol ! — s'écria la Mayeux en joignant les mains ; il est venu...

— Oui, mon enfant, calmez-vous... Pendant que je vous donnais les premiers soins,... il s'est occupé de votre pauvre sœur ;... vous le verrez bientôt.

— Hélas !... mademoiselle — reprit la Mayeux avec effroi ; il sait sans doute ?...

— Votre amour ? Non, non, rassurez-vous, ne songez qu'au bonheur de vous retrouver auprès de ce bon et loyal frère.

— Ah !... mademoiselle,... qu'il ignore toujours... ce qui me causait tant de honte que j'en voulais mourir... Soyez béni, mon Dieu ! il ne sait rien...

— Non ; ainsi plus de tristes pensées, chère enfant, pensez à ce digne frère, pour vous dire qu'il est arrivé à temps pour nous épargner des regrets éternels,... et, à vous... une grande faute... Oh ! je ne vous parle pas des préjugés du monde, à propos du droit que possède la créature de rendre à Dieu une vie qu'elle trouve trop pesante... Je vous dis seulement que vous ne deviez pas mourir, parce que ceux qui vous aiment et que vous aimez avaient encore besoin de vous.

— Je vous croyais heureuse, mademoiselle ; Agricol était marié à la jeune fille qu'il aime et qui fera, j'en suis sûre, son bonheur... A qui pouvais-je être utile ?

— A moi d'abord, vous le voyez... Et puis qui donc vous dit que M. Agricol n'aura jamais besoin de vous ? Qui vous dit que son bonheur ou celui des siens durera toujours, ou ne sera pas éprouvé par de rudes atteintes ? Et lors même que ceux qui vous aiment auraient dû être à tout jamais heureux, leur bonheur était-il complet sans vous ? Et votre mort, qu'ils se seraient peut-être reprochée, ne leur aurait-elle pas laissé des regrets sans fin ?

— Cela est vrai, mademoiselle — répondit la Mayeux — j'ai eu tort ;... un vertige de désespoir m'a saisie, et puis,... la plus affreuse misère nous accablait... nous n'avions pas pu trouver de travail depuis quelques jours ;... nous vivions de la charité d'une pauvre femme que le choléra a enlevée... Demain ou après, il nous aurait fallu mourir de faim.

— Mourir de faim... et vous saviez ma demeure...

— Je vous avais écrit, mademoiselle ; ne recevant pas de réponse, je vous ai crue blessée de mon brusque départ.

— Pauvre chère enfant, vous étiez, ainsi que vous le dites, sous l'influence d'une sorte de vertige dans ce moment affreux. Aussi, n'ai-je pas le courage de vous reprocher d'avoir un seul instant douté de moi. Comment vous blâmerais-je ? N'ai-je pas aussi eu la pensée d'en finir avec la vie.

— Vous, mademoiselle ! — s'écria la Mayeux.

— Oui... j'y songeais... lorsqu'on est venu me dire que Florine, agonisante, voulait me parler ;... je l'ai écoutée ; ses révélations ont tout à coup changé mes projets ; cette vie sombre, morne, qui m'était insupportable, s'est éclairée tout à coup ; la conscience du devoir s'est éveillée en moi ; vous étiez sans doute en proie à la plus horrible misère, mon devoir était de vous chercher et de vous sauver ; les aveux de Florine me dévoilaient de nouvelles trames des ennemis de ma famille isolée, dispersée par des chagrins navrants, par des pertes cruelles ; mon devoir était d'avertir les miens des dangers qu'ils ignoraient peut-être, de les rallier contre l'ennemi commun. J'avais été victime d'odieuses manœuvres ; mon devoir était d'en poursuivre les auteurs, de peur qu'encouragés par l'impunité, ces robes noires ne fissent de nouvelles victimes... Alors, la pensée du devoir m'a donné des forces, j'ai pu sortir de mon anéantissement; avec l'aide de l'abbé Gabriel, prêtre sublime, oh ! sublime... l'idéal du vrai chrétien,... le digne frère adoptif de M. Agricol, j'ai entrepris courageusement la lutte.

Que vous dirai-je, mon enfant ? L'accomplissement de ces devoirs, l'espérance incessante de vous retrouver, ont apporté quelque adoucissement à ma peine; si je n'en ai pas été consolée, j'en ai été distraite ;... votre tendre amitié, l'exemple de votre résignation feront le reste, je le crois... j'en suis sûre... et j'oublierai ce fatal amour.

Au moment où Adrienne disait ces mots, on entendit des pas rapides dans l'escalier et une voix, jeune et fraîche, qui disait :

— Ah ! mon Dieu ! cette pauvre Mayeux !.. comme j'arrive à propos ! Si je pouvais au moins lui être bonne à quelque chose !

Et presque aussitôt Rose-Pompon entra précipitamment dans la mansarde.

Agricol suivit bientôt la grisette, et, montrant à Adrienne la fenêtre ouverte, tâcha par un signe de lui faire comprendre qu'il ne fallait pas parler à la jeune fille de la fin déplorable de la reine Bacchanal.

Cette pantomime fut perdue pour mademoiselle de Cardoville.

Le cœur d'Adrienne bondissait de douleur,

d'indignation, de fierté, en reconnaissant la jeune fille qu'elle avait vue à la Porte-Saint-Martin, accompagnant Djalma, et qui seule était la cause des maux affreux qu'elle endurait depuis cette funeste soirée.

Puis,... sanglante raillerie de la destinée! c'était au moment même où Adrienne venait de faire l'humiliant et cruel aveu de son amour dédaigné, qu'apparaissait à ses yeux la femme à qui elle se croyait sacrifiée.

Si la surprise de mademoiselle de Cardoville avait été profonde, celle de Rose-Pompon ne fut pas moins grande.

Non-seulement elle reconnaissait dans Adrienne la belle jeune fille aux cheveux d'or qui se trouvait en face d'elle au théâtre lors de l'aventure de la panthère noire, mais elle avait de graves raisons de désirer ardemment cette rencontre, si imprévue, si improbable; aussi est-il impossible de peindre le regard de joie maligne et triomphante qu'elle affecta de jeter sur Adrienne.

Le premier mouvement de mademoiselle de Cardoville fut de quitter la mansarde;

mais non-seulement il lui coûtait d'abandonner la Mayeux dans ce moment et de donner, devant Agricol, une raison à ce brusque départ, mais une inexplicable et fatale curiosité la retint malgré sa fierté révoltée.

Elle resta donc.

Elle allait enfin voir, si cela se peut dire, *de près*, entendre et juger cette *rivale* pour qui elle avait failli mourir, cette rivale à qui, dans les angoisses de la jalousie, elle avait prêté tant de physionomies différentes, afin de s'expliquer l'amour de Djalma pour cette créature.

CHAPITRE XX.

LES RIVALES.

Rose-Pompon, dont la présence causait une si vive émotion à mademoiselle de Cardoville, était mise avec le mauvais goût le plus coquet et le plus crâne.

Son *bibi* de satin rose, à passe très-étroite, posé si en avant et, comme elle disait, *à la chien*, descendait presque jusqu'au bout de son petit nez, et découvrait en revanche la moitié de son soyeux et blond chignon; sa robe écossaise, à carreaux extravagants, était ouverte par devant, et c'est à peine si sa guimpe transparente, peu hermétiquement fermée, et pas assez jalouse des rondeurs charmantes qu'elle accusait avec trop de probité, gazait suffisamment l'échancrure effrontée de son corsage.

La grisette s'étant hâtée de monter l'escalier, tenait les deux coins de son grand schall bleu à palmes qui, ayant quitté ses épaules, avait glissé jusqu'au bas de sa taille de guêpe, où il s'était enfin trouvé arrêté par un obstacle naturel.

Si nous insistons sur ces détails, c'est qu'à la vue de cette gentille créature, mise d'une façon très-impertinente et très-débraillée, mademoiselle de Cardoville, retrouvant en elle une rivale qu'elle croyait heureuse, sentit redoubler son indignation, sa douleur et sa honte...

Mais que l'on juge de la surprise et de la confusion d'Adrienne, lorsque mademoiselle Rose-Pompon lui dit d'un air leste et dégagé :

— Je suis ravie de vous trouver ici, madame ; nous aurons à causer ensemble... Seulement je veux auparavant embrasser cette pauvre Mayeux, si vous le permettez... *madame*.

Pour s'imaginer le ton et l'accent, dont fut articulé le mot *madame*, il faut avoir assisté à des discussions plus ou moins orageuses entre deux Roses-Pompons, jalouses et rivales; alors on comprendra tout ce que ce mot *madame*, prononcé dans ces grandes circonstances, renferme de provocante hostilité.

Mademoiselle de Cardoville, stupéfaite de l'impudence de mademoiselle Rose-Pompon, restait muette pendant qu'Agricol, distrait par l'attention qu'il portait à la Mayeux, dont les regards ne quittaient pas les siens depuis son arrivée, distrait aussi par le souvenir de la scène douloureuse à laquelle il venait d'assister, disait tout bas à Adrienne, sans remarquer l'effronterie de la grisette :

—Hélas! mademoiselle,.... c'est fini,.... Céphyse vient de rendre le dernier soupir,.... sans avoir repris connaissance.

—Malheureuse fille! — dit Adrienne avec émotion, oubliant un moment Rose-Pompon.

— Il faudra cacher cette triste nouvelle à la Mayeux, et la lui apprendre plus tard avec les plus grands ménagements — reprit Agricol. — Heureusement la petite Rose-Pompon n'en sait rien.

Et du regard il montra à mademoiselle de Cardoville la grisette qui s'était accroupie auprès de la Mayeux.

En entendant Agricol traiter si familièrement Rose-Pompon, la stupeur d'Adrienne redoubla ; ce qu'elle ressentit est impossible à rendre,... car, chose qui semblera fort étrange, il lui sembla qu'elle souffrait moins... et que ses angoisses diminuaient, à mesure qu'elle entendait dans quels termes s'exprimait la grisette.

— Ah! ma bonne Mayeux — disait celle-ci avec autant de volubilité que d'émotion, car ses jolis yeux bleus se mouillèrent de larmes — c'est-y donc possible de faire une bêtise pareille!... Est-ce qu'entre pauvres gens on ne s'entre-aide pas?... Vous ne pouviez donc pas vous adresser à moi?... Vous saviez bien que ce qui est à moi est aux autres... J'aurais fait une dernière rafle sur le bazar de Philémon — ajouta cette singulière fille avec un redoublement d'attendrissement, sincère, à la fois, touchant et grotesque; — j'aurais vendu ses trois bottes, ses pipes culottées, son costume de canotier flambard, son lit et jusqu'à son verre de grande tenue, et au moins vous n'auriez pas été réduite... à une si vilaine extrémité... Philémon ne m'en aurait pas voulu, car il est bon enfant; après ça il m'en aurait voulu, que ça aurait été tout de même : Dieu merci ! nous ne sommes pas mariés... C'est seulement pour vous dire qu'il fallait penser à la petite Rose-Pompon...

— Je sais que vous êtes obligeante et bonne, mademoiselle, dit la Mayeux, car elle avait appris par sa sœur que Rose-Pompon, comme tant de ses pareilles, avait le cœur généreux.

— Après cela — reprit la grisette en essuyant du revers de sa main le bout de son petit nez rose, où une larme avait roulé — vous me direz que vous ignoriez où je *perchais* depuis quelque temps... Drôle d'histoire, allez ; quand je dis drôle... au contraire. —

Et Rose-Pompon poussa un gros soupir. — Enfin, c'est égal — reprit-elle — je n'ai pas à vous parler de ça ; ce qui est sûr, c'est que vous allez mieux... Vous ne recommencerez pas, ni Céphyse non plus, une pareille chose... On dit qu'elle est bien faible... et qu'on ne peut pas encore la voir, n'est-ce pas, monsieur Agricol ?

— Oui — dit le forgeron avec embarras, car la Mayeux ne détachait pas ses yeux des siens — il faut prendre patience...

— Mais je pourrai la voir aujourd'hui, n'est-ce pas, Agricol ? — reprit la Mayeux.

— Nous parlerons de cela ; mais calme-toi, je t'en prie...

—Agricol a raison, il faut être raisonnable, ma bonne Mayeux — reprit Rose-Pompon — nous attendrons...J'attendrai aussi en causant tout à l'heure avec madame (et Rose-Pompon jeta sur Adrienne un regard sournois de chatte en colère) ; oui, oui, j'attendrai, car je veux dire à cette pauvre Céphyse qu'elle peut, comme vous, compter sur moi. — Et Rose-Pompon se rengorgea gentiment. — Soyez tranquilles. Tiens, c'est bien le moins quand on se trouve dans une heureuse passe que vos amies qui ne sont pas heureuses s'en ressentent ; ça serait encore gracieux de garder le bonheur pour soi toute seule ! C'est ça... Empaillez-le donc tout de suite, votre bonheur ; mettez-le donc sous verre ou dans un bocal, pour que personne n'y touche !... Après ça... quand je dis mon bonheur... c'est encore une manière de parler ; il est vrai que, sous un rapport... Ah bien oui ! mais aussi sous l'autre, voyez-vous ! ma bonne Mayeux, voilà la chose... Mais, bah !... après tout, je n'ai que dix-sept ans... Enfin, c'est égal... je me tais, car je vous parlerais comme ça jusqu'à demain que vous n'en sauriez pas davantage... Laissez-moi donc encore une fois vous embrasser de bon cœur,... et ne soyez plus chagrine,... ni Céphyse non plus ;... entendez-vous ?... car maintenant je suis là...

Et Rose-Pompon, assise sur ses talons, embrasa cordialement la Mayeux.

Il faut renoncer à exprimer ce qu'éprouva mademoiselle de Cardoville pendant l'entretien,... ou plutôt pendant le monologue de la grisette, à propos de la tentative de suicide de la Mayeux ; le jargon excentrique de mademoiselle Rose-Pompon, sa libérale facilité à l'endroit du *bazar* de Philémon, avec qui, disait-elle, elle n'était heureusement pas mariée ; la bonté de son cœur, qui se révélait çà et là dans ses offres de services à la Mayeux ; ces contrastes, ces impertinences, ces drôleries, tout cela était si nouveau, si incompréhensible, pour mademoiselle de Cardoville, qu'elle resta d'abord muette et immobile de surprise.

Telle était donc la créature à qui Djalma l'avait sacrifiée ?

Si le premier mouvement d'Adrienne avait été horriblement pénible à la vue de Rose-Pompon, la réflexion éveilla bientôt chez elle des doutes qui devinrent bientôt d'ineffables espérances ; se rappelant de nouveau l'entretien qu'elle avait surpris entre Rodin et Djalma, lorsque, cachée dans la serre chaude, elle venait s'assurer de la fidélité du jésuite, Adrienne ne se demandait plus s'il était possible et raisonnable de croire que le prince, dont les idées sur l'amour semblaient si poétiques, si élevées, si pures, eût pu trouver le moindre charme au babil impudent et saugrenu de cette petite fille... Adrienne, cette fois, n'hésitait plus; elle regardait avec raison la chose comme impossible, alors qu'elle voyait pour ainsi dire *de près* cette étrange rivale, alors qu'elle l'entendait s'exprimer en termes si vulgaires, façons et langage qui, sans nuire à la gentillesse de ses jolis traits, leur donnaient un caractère trivial et peu attrayant.

Les doutes d'Adrienne au sujet du profond amour du prince pour une Rose-Pompon se changèrent donc bientôt en une incrédulité complète : douée de trop d'esprit, de trop de pénétration pour ne pas pressentir que cette apparente liaison, si inconcevable de la part du prince, devait cacher quelque mystère, mademoiselle de Cardoville se sentit renaître à l'espoir.

A mesure que cette consolante pensée se développait dans l'esprit d'Adrienne, son cœur, jusqu'alors si douloureusement oppressé, se dilatait ; de vagues aspirations vers un meilleur avenir s'épanouissaient en elle ;

et pourtant, cruellement avertie par le passé, craignant de céder à une illusion trop facile, elle se rappelait les faits malheureusement avérés : le prince s'affichant en public avec cette jeune fille; mais par cela même que mademoiselle de Cardoville pouvait alors complétement apprécier cette créature, elle trouvait la conduite du prince de plus en plus incompréhensible. Or, comment juger sainement, sûrement, ce qui est environné de mystère? Et puis elle se rassurait; malgré elle, un secret pressentiment lui disait que ce serait peut-être au chevet de la pauvre ouvrière qu'elle venait d'arracher à la mort que, par un hasard providentiel, elle apprendrait une révélation d'où dépendait le bonheur de sa vie.

Les émotions dont était agité le cœur d'Adrienne devenaient si vives que son beau visage se colora d'un rose vif, son sein battit violemment, et ses grands yeux noirs, jusqu'alors tristement voilés, brillèrent doux et radieux à la fois; elle attendait avec une impatience inexprimable. Dans l'entretien dont Rose-Pompon l'avait menacée, dans cette conversation que, quelques instans auparavant, Adrienne eût repoussée de toute la hauteur de sa fière et légitime indignation, elle espérait trouver enfin l'explication d'un mystère qu'il lui était si important de pénétrer.

Rose-Pompon, après avoir encore tendrement embrassé la Mayeux, se releva, et se retournant vers Adrienne, qu'elle toisa d'un air des plus dégagés, lui dit d'un petit ton impertinent :

— A nous deux maintenant, *madame* (le mot madame, toujours prononcé avec l'expression que l'on sait), nous avons quelque chose à débrouiller ensemble.

— Je suis à vos ordres, mademoiselle — répondit Adrienne avec beaucoup de douceur et de simplicité.

A la vue du minois conquérant et décidé de Rose-Pompon, en entendant sa provocation à mademoiselle de Cardoville, le digne Agricol, après quelques mots tendrement échangés avec la Mayeux, ouvrit des oreilles énormes et resta un moment interdit de l'effronterie de la grisette ; puis, s'avançant vers elle, il lui dit tout bas en la tirant par la manche :

— Ah çà, est-ce que vous êtes folle ? Savez-vous à qui vous parlez ?

— Eh bien ! après ?... est-ce qu'une jolie femme n'en vaut pas une autre ?... Je dis cela pour madame... On ne me mangera pas, je suppose — répondit tout haut et crânement Rose-Pompon ; — j'ai à causer avec... *madame ;*... je suis sûre qu'elle sait de quoi et pourquoi... Sinon, je vais le lui dire : ça ne sera pas long.

Adrienne, craignant quelque explosion ridicule au sujet de Djalma en présence d'Agricol, fit un signe à ce dernier, et répondit à la grisette :

— Je suis prête à vous entendre, mademoiselle, mais pas ici... Vous comprenez pourquoi...

— C'est juste, madame,... j'ai ma clef;... si vous le voulez,... allons chez moi...

Ce *chez moi* fut dit d'un air glorieux.

— Allons donc chez vous, mademoiselle, puisque vous voulez bien me faire l'honneur de m'y recevoir,... — répondit mademoiselle de Cardoville, de sa voix douce et perlée, en s'inclinant légèrement avec un air de politesse si exquise, que Rose-Pompon, malgré son effronterie, demeura toute interdite.

— Comment, mademoiselle — dit Agricol à Adrienne — vous êtes assez bonne pour...

— Monsieur Agricol — dit mademoiselle de Cardoville en l'interrompant — veuillez rester auprès de ma pauvre amie ;... je reviens bientôt.

Puis, se rapprochant de la Mayeux, qui partageait l'étonnement d'Agricol, elle lui dit :

— Excusez-moi, si je vous laisse pendant quelques instants... Reprenez encore un peu de forces... et je reviens vous chercher pour vous emmener chez nous, chère et bonne sœur...

Se retournant alors vers Rose-Pompon, de plus en plus surprise d'entendre cette belle dame appeler la Mayeux *sa sœur*, elle lui dit :

— Quand vous le voudrez, nous descendrons, mademoiselle...

— Pardon, excuse, madame, si je passe la

première pour vous montrer le chemin ; mais c'est un vrai casse-cou que cette baraque — répondit Rose-Pompon en collant ses coudes à son corps et en pinçant ses lèvres, afin de prouver qu'elle n'était nullement étrangère aux belles manières et au beau langage.

Et les deux rivales quittèrent la mansarde, où Agricol et la Mayeux restèrent seuls.

Heureusement, les restes sanglants de la reine Bacchanal avaient été transportés dans la boutique souterraine de la mère Arsène ; ainsi, les curieux, toujours attirés par les événements sinistres, se pressèrent à la porte de la rue ; et Rose-Pompon, ne rencontrant personne dans la petite cour qu'elle traversa avec Adrienne, continua d'ignorer la mort tragique de Céphyse, son ancienne amie.

Au bout de quelques instants, la grisette et mademoiselle de Cardoville se trouvèrent dans l'appartement de Philémon.

Ce singulier logis était resté dans le pittoresque désordre où Rose-Pompon l'avait abandonné lorsque Nini-Moulin vint la chercher pour être l'héroïne d'une aventure mystérieuse.

Adrienne, complétement ignorante des mœurs excentriques des étudiants et des *étudiantes*, ne put, malgré sa préoccupation, s'empêcher d'examiner avec un étonnement curieux ce bizarre et grotesque chaos des objets les plus disparates : déguisements de bals masqués, têtes de mort fumant des pipes, bottes errantes sur des bibliothèques, verres-monstres, vêtements de femmes, pipes culottées, etc.

A l'étonnement d'Adrienne succéda une impression de répugnance pénible : la jeune fille se sentait mal à l'aise, déplacée, dans cet asile, non de la pauvreté, mais du désordre, tandis que la misérable mansarde de la Mayeux ne lui avait causé aucune répulsion.

Rose-Pompon, malgré ses airs délibérés, ressentait une assez vive émotion depuis qu'elle se trouvait tête à tête avec mademoiselle de Cardoville ; d'abord la rare beauté de la jeune patricienne, son grand air, la haute distinction de ses manières, la façon à la fois digne et affable avec laquelle elle avait répondu aux impertinentes provocations de la grisette, commençaient à imposer beaucoup à celle-ci ; et de plus, comme elle était, après tout, bonne fille, elle avait été profondément touchée d'entendre mademoiselle de Cardoville appeler la Mayeux *sa sœur, son amie.*

Ros-Pompon, sans savoir aucune particularité sur Adrienne, n'ignorait pas qu'elle appartenait à la classe la plus riche et la plus élevée de la société; elle ressentait donc déjà quelques remords d'avoir agi si cavalièrement : aussi ses intentions, d'abord fort hostiles à l'endroit de mademoiselle de Cardoville, se modifiaient peu à peu.

Pourtant, mademoiselle Rose-Pompon, étant très-mauvaise tête et ne voulant pas paraître subir une influence dont se révoltait son amour-propre, tâcha de reprendre son assurance ; et, après avoir fermé la porte au verrou, elle dit à Adrienne :

— *Faites*-vous la peine de vous asseoir, madame.

Toujours pour montrer qu'elle n'était pas étrangère au beau langage.

Mademoiselle de Cardoville prenait machinalement une chaise, lorsque Rose-Pompon, bien digne de pratiquer cette antique hospitalité qui regardait même un ennemi comme un hôte sacré, s'écria vivement :

— Ne prenez pas cette chaise-là, madame ; elle a un pied de moins.

Adrienne mit sa main sur un autre siége.

— Ne prenez pas celle-là non plus, le dossier ne tient à rien du tout.

S'écria de nouveau Rose-Pompon.

Et elle disait vrai, car le dossier de cette chaise (il représentait une lyre), resta entre les mains de mademoiselle de Cardoville, qui le replaça discrètement sur le siége, en disant :

— Je crois, mademoiselle, que nous pourrons causer tout aussi bien debout.

— Comme vous voudrez, madame — répondit Rose-Pompon, en se campant d'autant plus crânement sur la hanche, qu'elle se sentait plus troublée.

Et l'entretien de mademoiselle de Cardoville et de la grisette commença de la sorte.

CHAPITRE XXI.

L'ENTRETIEN.

Après une minute d'hésitation, Rose-Pompon dit à Adrienne, dont le cœur battait vivement :

— Je vais, madame, vous dire tout de suite ce que j'ai sur le cœur : je ne vous aurais pas cherchée ; mais, puisque je vous trouve, il est bien naturel que je profite de la circonstance.

— Mais, mademoiselle — dit doucement Adrienne... — pourrai-je du moins savoir le sujet de l'entretien que nous devons avoir ensemble ?

— Oui, madame — dit Rose-Pompon avec un redoublement de crânerie alors plus affectée que naturelle. — D'abord, il ne faut pas croire que je me trouve malheureuse et que je veuille vous faire une scène de jalousie ou pousser des cris de délaissée... Ne vous flattez pas de ça... Dieu merci! je n'ai pas à me plaindre du *Prince charmant* (c'est le petit nom que je lui ai donné); au contraire, il m'a rendue très-heureuse; si je l'ai quitté, c'est malgré lui, et parce que cela m'a plu.

Ce disant, Rose-Pompon, qui, malgré ses airs dégagés, avait le cœur très-gros, ne put retenir un soupir.

— Oui, madame — reprit-elle — je l'ai quitté parce que cela m'a plu, car il était fou de moi;... même que si j'avais voulu, il m'aurait épousée; oui, madame, épousée;... tant pis si ce que je vous dis là vous fait de la peine... Du reste, quand je dis : tant pis, c'est vrai que je voulais vous en causer... de la peine... Oh! bien sûr; mais lorsque tout à l'heure je vous ai vue si bonne pour la pauvre Mayeux, quoique j'étais bien certainement dans mon droit,... j'ai éprouvé quelque chose... Enfin, ce qu'il y a de plus clair, c'est que je vous déteste, et que vous le méritez bien,... — ajouta Rose-Pompon en frappant du pied.

De tout ceci, même pour une personne beaucoup moins pénétrante qu'Adrienne et beaucoup moins intéressée qu'elle à démêler la vérité, il résultait évidemment que mademoiselle Rose-Pompon, malgré ses airs triomphants à l'endroit de *celui* qui perdait la tête pour elle et voulait l'épouser, il résultait que mademoiselle Rose-Pompon était complétement désappointée, qu'elle faisait un énorme mensonge, qu'on ne l'aimait pas, et qu'un violent dépit amoureux lui avait fait désirer de rencontrer mademoiselle de Cardoville, afin de lui faire, pour se venger, ce qu'en termes vulgaires on appelle une *scène*, regardant Adrienne (on saura tout à l'heure pourquoi) comme son heureuse rivale ; mais le bon naturel de Rose-Pompon ayant repris le dessus, elle se trouvait fort empêchée pour continuer sa *scène*, Adrienne, pour les raisons qu'on a dites, lui imposant de plus en plus.

Quoiqu'elle se fût attendue, sinon à la singulière sortie de la grisette, du moins à ce résultat : — qu'il était impossible que le prince eût pour cette fille aucun attachement sérieux — mademoiselle de Cardoville, malgré la bizarrerie de cette rencontre, fut d'abord ravie de voir ainsi sa *rivale* confirmer une partie de ses prévisions ; mais tout à coup, à ses espérances devenues presque des réalités, succéda une appréhension cruelle... Expliquons-nous.

Ce que venait d'entendre Adrienne aurait dû la satisfaire complétement. Selon ce qu'on appelle les usages et les coutumes du monde, sûre désormais que le cœur de Djalma n'avait pas cessé de lui appartenir, il devait peu lui importer que le prince, dans toute l'effervescence d'une ardente jeunesse, eût ou non cédé à un caprice éphémère pour cette créature, après tout fort jolie et fort désirable, puisque dans le cas même où il eût cédé à ce caprice, rougissant de cette erreur des sens, il se séparait de Rose-Pompon.

Malgré de si bonnes raisons, cette *erreur des sens* ne pouvait être pardonnée par

Adrienne. Elle ne comprenait pas cette séparation absolue du corps et de l'âme, qui fait que l'une ne partage pas la souillure de l'autre. Elle ne trouvait pas qu'il fût indifférent de se donner à celle-ci en pensant à celle-là; son amour, jeune, chaste et passionné, était d'une exigence absolue, exigence aussi juste aux yeux de la nature et de Dieu, que ridicule et niaise aux yeux des hommes.

Par cela même qu'elle avait la religion des sens, par cela qu'elle les raffinait, qu'elle les vénérait comme une manifestation adorable et divine, Adrienne avait, au sujet des sens, des scrupules, des délicatesses, des répugnances inouïes, invincibles, complétement inconnues de ces austères spiritualistes, de ces prudes ascétiques, qui, sous prétexte de la vilité, de l'indignité de la matière, en regardent les écarts comme absolument sans conséquence et en font litière pour lui bien prouver, à cette honteuse, à cette boueuse, tout le mépris qu'elles en ont.

Mademoiselle de Cardoville n'était pas de ces créatures farouches, pudibondes, qui mourraient de confusion plutôt que d'articuler nettement qu'elles veulent un mari jeune et beau, ardent et pur : aussi en épousent-elles de très-laids, de très-blasés, de très-corrompus, quitte à prendre, six mois après, deux ou trois amants. Non, Adrienne sentait instinctivement tout ce qu'il y a de fraîcheur virginale et céleste dans l'égale innocence de deux beaux êtres amoureux et passionnés, tout ce qu'il y a même de garanties pour l'avenir dans les tendres et ineffables souvenirs que l'homme conserve d'un premier amour qui est aussi sa première possession.

Nous l'avons dit, Adrienne n'était donc qu'à moitié rassurée,... bien qu'il lui fût confirmé par le dépit même de Rose-Pompon que Djalma n'avait pas eu pour la grisette le moindre attachement sérieux.

La grisette avait terminé sa péroraison par ce mot d'une hostilité flagrante et significative :

— Enfin, madame, je vous déteste !

— Et pourquoi me détestez-vous, mademoiselle ? — dit doucement Adrienne.

—Oh! mon Dieu! madame — reprit Rose-Pompon, oubliant tout à fait son rôle de *conquérante*, et cédant à la sincérité naturelle de son caractère — faites donc comme si vous ne saviez pas à propos de qui et de quoi je vous déteste!... Avec cela... que l'on va ramasser des bouquets jusque dans la gueule d'une panthère pour des personnes qui ne vous sont de rien du tout!... Et si ce n'était que cela encore! — ajouta Rose-Pompon, qui s'animait peu à peu, et dont la jolie figure, jusqu'alors contractée par une petite moue hargneuse, prit une expression de chagrin réel, pourtant quelquefois comique.

— Et si ce n'était que l'histoire du bouquet! — reprit-elle. — Quoique mon sang n'ait fait qu'un tour en voyant le prince charmant sauter comme un cabri sur le théâtre,... je me serai dit : Bah! ces Indiens, ça a des politesses à eux ; ici,... une femme laisse tomber son bouquet, un monsieur bien appris le ramasse et le rend ; mais, dans l'Inde, c'est pas ça : l'homme ramasse le bouquet, ne le rend pas à la femme et lui tue une panthère sous les yeux. Voilà le bon genre du pays, à ce qu'il paraît;... mais ce qui n'est bon genre nulle part, c'est de traiter une femme comme on m'a traitée... et cela, j'en suis sûre, grâce à vous, madame.

Ces plaintes de Rose-Pompon, à la fois amères et plaisantes, se conciliaient peu avec ce qu'elle avait dit précédemment du fol amour de Djalma pour elle; mais Adrienne se garda bien de lui faire remarquer ces contradictions et lui dit doucement :

— Mademoiselle, vous vous trompez, je crois, en prétendant que je suis pour quelque chose dans vos chagrins; mais, en tout cas, je regretterais sincèrement que vous ayez été maltraitée par qui que ce fût.

— Si vous croyez qu'on m'a battue... vous faites erreur — s'écria Rose-Pompon ! — Ah bien ! par exemple !... Non, ce n'est pas cela;... mais enfin... je suis bien sûre que, sans vous, le prince charmant aurait fini par m'aimer un peu;... j'en vaux bien la peine, après tout. Et puis, enfin... il y a aimer... et aimer;... je ne suis pas si exigeante, moi ; mais pas seulement ça,... — et Rose-Pompon mordit l'ongle rose de son pouce. — Ah ! quand Nini-Moulin est venu me chercher ici, en m'apportant des bijoux et des dentelles pour me décider à le suivre, il avait bien raison de me dire qu'il ne m'exposait à rien... que de très-honnête...

— Nini-Moulin ? — demanda mademoiselle de Cardoville de plus en plus intéressée — qu'est-ce que Nini-Moulin, mademoiselle ?

— Un écrivain religieux — répondit Rose-Pompon d'un ton boudeur — l'âme damnée d'un tas de vieux sacristains dont il empoche l'argent, soi-disant pour écrire sur la morale et sur la religion. Elle est gentille, sa morale !

A ces mots, d'*écrivain religieux*, de *sacristains*, Adrienne se vit sur la voie d'une nouvelle trame de Rodin ou du P. d'Aigrigny, trame dont elle et Djalma avaient encore failli d'être victimes : elle commença d'entrevoir vaguement la vérité, et reprit :

— Mais, mademoiselle, sous quel prétexte cet homme vous a-t-il emmenée d'ici ?

— Il est venu me chercher en me disant

qu'il n'y avait rien à craindre pour ma vertu, qu'il ne s'agissait que de me faire bien gentille; alors moi je me suis dit : Philémon est à son pays, je m'ennuie toute seule, ça m'a l'air drôle, qu'est-ce que je risque?... Oh! non, je ne savais pas ce que je risquais—ajouta Rose-Pompon en soupirant. — Enfin, Nini-Moulin m'emmène dans une jolie voiture; nous nous arrêtons sur la place du Palais-Royal ; un homme à l'air sournois et au teint jaune monte avec moi à la place de Nini-Moulin, et me conduit chez le prince charmant, où l'on m'établit. Quand je l'ai vu, dame! il est si beau, mais si beau, que j'en suis d'abord restée toute éblouie ; avec ça l'air si doux, si bon... Aussi, je me suis dit tout de suite : C'est pour le coup que ça serait joliment bien à moi de rester sage... Je ne croyais pas si bien dire... je suis restée sage... hélas ! plus que sage...

— Comment, mademoiselle, vous regrettez de vous être montrée si vertueuse ?...

— Tiens... je regrette de n'avoir pas au moins eu l'agrément de refuser quelque chose... Mais refusez donc quand on ne vous demande rien ;... mais rien de rien ; quand on vous méprise assez pour ne pas vous dire seulement un pauvre petit mot d'amour.

— Mais, mademoiselle... permettez-moi de vous faire observer que l'indifférence qu'on vous a témoignée ne vous a pas empêchée de faire, ce me semble, un assez long séjour dans la maison dont vous me parlez.

— Est-ce que je sais pourquoi le prince charmant me gardait auprès de lui, moi, pourquoi il me promenait en voiture et au spectacle? Que voulez-vous ! c'est peut-être aussi bon ton, dans son pays de sauvage, d'avoir auprès de soi une petite fille bien gentille, à cette fin de n'y pas faire attention du tout, du tout...

— Mais alors, pourquoi restiez-vous dans cette maison, mademoiselle?

— Eh! mon Dieu! — je restais — dit Rose-Pompon en frappant du pied avec dépit — je restais parce que, sans savoir comment cela s'est fait, malgré moi, je me suis mise à aimer le prince charmant; et, ce qu'il y a de drôle, c'est que, moi qui suis gaie comme un pinson... je l'aimais parce qu'il était triste, preuve que je l'aimais sérieusement. Enfin, un jour je n'y ai pas tenu ;.. j'ai dit : Tant pis ! il arrivera ce qui pourra ; Philémon doit me faire des traits dans son pays, j'en suis sûre ; ça m'encourage : et un matin je m'arrange à ma manière, si gentiment, si coquettement, qu'après m'être regardée dans ma glace, je me dis : — Oh ! c'est sûr... il ne résistera pas... — Je vais chez lui ; je perds la tête, je lui dis tout ce qui me passe de tendre dans l'esprit ; je ris, je pleure ; enfin je lui déclare que je l'adore... Qu'est-ce qu'il me répond à cela de sa voix douce et pas plus ému qu'un marbre : — Pauvre enfant... — Pauvre enfant — reprit Rose-Pompon avec indignation... — ni plus ni moins que si j'étais venue me plaindre à lui d'un mal de dents, parce qu'il me poussait une dent de sagesse... Mais ce qu'il y a d'affreux, c'est que je suis sûre que s'il n'était pas malheureux d'autre part en amour, ce serait un vrai salpêtre ; mais il est si triste, si abattu !

Puis, s'interrompant un moment, Rose-Pompon ajouta :

— Au fait,... non,... je ne veux pas vous dire cela...... vous seriez trop contente...

Enfin, après une pause d'une autre seconde :

— Ah bien ! ma foi ! tant pis ! je vous le dis — reprit cette drôle de petite fille en regardant mademoiselle de Cardoville avec attendrissement et déférence — pourquoi me taire, après tout ? J'ai commencé par vous dire, en faisant la fière, que le prince charmant voulait m'épouser, et j'ai fini, malgré moi, par vous avouer qu'il m'avait environ mise à la porte. Dame ! ce n'est pas ma faute, quand je veux mentir je m'embrouille toujours. Aussi, tenez, madame, voilà la vérité pure : quand je vous ai rencontrée chez cette pauvre Mayeux, je me suis d'abord sentie colère contre vous comme un petit dindon ;... mais quand je vous ai eu entendue, vous, si belle, si grande dame, traiter cette pauvre ouvrière comme votre sœur, j'ai eu beau faire, ma colère s'en est allée.. Une fois ici, j'ai fait ce que j'ai pu pour la rattraper ;... impossible :... plus je voyais la différence qu'il y a entre nous deux, plus je comprenais que le prince charmant avait raison de ne songer qu'à vous ;... car c'est de vous pour le coup, madame, qu'il est fou,... allez,... et bien fou... Ce n'est pas seulement à cause de l'histoire du tigre qu'il a tué pour vous à la Porte-Saint-Martin que je dis cela ;... mais depuis, si vous saviez, mon Dieu ! toutes les folies qu'il faisait avec votre bouquet. Et puis, vous ne savez pas? toutes les nuits il les passait sans se coucher, et bien souvent à pleurer dans un salon où, m'a-t-on dit, il vous a vue pour la première fois,... vous savez,... près de la serre... Et votre portrait donc, qu'il a fait de souvenir sur la glace, à la mode de son pays ! et tant d'autres choses ! Enfin, moi qui l'aimais et qui voyais cela, ça commençait d'abord par me mettre hors de moi; et puis ça devenait si touchant, si attendrissant, que je finissais par en avoir les larmes aux yeux. Mon Dieu!... oui,.. madame,... tenez .. comme maintenant rien qu'en y pensant, à ce pauvre prince. Ah ! madame — ajouta Rose-Pompon, ses jolis yeux bleus baignés de pleurs, et avec une expression d'intérêt si sincère qu'Adrienne fut profondément émue — ah! madame,... vous avez l'air si doux, si bon! ne le rendez donc pas malheureux, aimez-le donc un peu, ce pauvre prince... Voyons, qu'est-ce que cela vous fait, de l'aimer?...

Et Rose-Pompon, d'un geste sans doute trop familier, mais rempli de naïveté, prit avec effusion la main d'Adrienne, comme pour accentuer davantage sa prière.

Il avait fallu à mademoiselle de Cardoville un grand empire sur elle-même pour contenir, pour refouler l'élan de sa joie, qui du cœur lui montait aux lèvres, pour arrêter le torrent de questions qu'elle brûlait d'adresser à Rose-Pompon, pour retenir enfin les douces larmes de bonheur qui depuis quelques instants tremblaient sous ses paupières; et puis, chose bizarre! lorsque Rose-Pompon lui avait pris la main, Adrienne, au lieu de la retirer, avait affectueusement serré celle de la grisette; puis, par un mouvement machinal, l'avait attirée assez près de la fenêtre, comme si elle eût voulu examiner plus attentivement encore la délicieuse figure de Rose-Pompon.

La grisette, en entrant, avait jeté son schall et son bibi sur le lit, de sorte qu'Adrienne put admirer les épaisses et soyeuses nattes de beaux cheveux blond-cendré qui encadraient à ravir le frais minois de cette charmante fille, aux joues roses et fermes, à la bouche vermeille comme une cerise, aux grands yeux d'un bleu si gai ; Adrienne put enfin remarquer, grâce au décolleté un peu risqué de Rose-Pompon, la grâce et les trésors de sa taille de nymphe.

Si étrange que cela paraisse, Adrienne était ravie de trouver cette jeune fille encore plus jolie qu'elle ne lui avait paru d'abord... L'indifférence stoïque de Djalma pour cette ravissante créature disait assez toute la sincérité de l'amour dont il était dominé.

Rose-Pompon, après avoir pris la main d'Adrienne, fut aussi confuse que surprise de la bonté avec laquelle mademoiselle de Cardoville accueillit sa familiarité. Enhardie par cette indulgence et par le silence d'Adrienne qui depuis quelques instants la considérait avec une bienveillance presque reconnaissante, la grisette reprit :

—Oh !... n'est-ce pas, madame, vous aurez pitié de ce pauvre prince ?

Nous ne savons ce qu'Adrienne allait répondre à la demande indiscrète de Rose-Pompon, lorsque soudain une sorte de glapissement sauvage, aigu, strident, criard, mais qui semblait évidemment prétendre à imiter le chant du coq, se fit entendre derrière la porte.

Adrienne tressaillit, effrayée ; mais tout à coup la physionomie de Rose-Pompon, d'une expression naguère si touchante, s'épanouit joyeusement ; et, reconnaissant ce signal, elle s'écria en frappant dans ses mains :

— C'est Philémon ! !

— Comment, Philémon ? — dit vivement Adrienne.

— Oui... mon amant... Ah ! le monstre ! il sera monté à pas de loup... pour faire le coq ;... c'est bien de lui !

Un second *co-co-rico* des plus retentissants se fit entendre de nouveau derrière la porte.

—Mon Dieu, cet être-là est-il bête et drôle ! Il fait toujours la même plaisanterie, et elle m'amuse toujours ! — dit Rose-Pompon.

Et elle essuya ses dernières larmes du revers de sa main, en riant, comme une folle, de la plaisanterie de Philémon, qui lui semblait toujours neuve et réjouissante, quoiqu'elle la connût déjà.

— N'ouvrez pas — dit tout bas Adrienne, de plus en plus embarrassée ; — ne répondez pas, je vous en supplie.

— La clef est sur la porte, et le verrou est mis ; Philémon voit bien qu'il y a quelqu'un.

— Il n'importe.

— Mais c'est ici sa chambre, madame ; nous sommes ici chez lui — dit Rose-Pompon.

En effet, Philémon, se lassant probablement du peu d'effet de ses deux imitations ornithologiques, tourna la clef dans la serrure, et, ne pouvant l'ouvrir, dit à travers la porte ; d'une voix de formidable basse-taille :

— Comment, *chat chéri*... de mon cœur, nous sommes enfermés... Est-ce que nous prions *saint Flambard* pour le retour de *Mon-mon* (lisez Philémon).

Adrienne, ne voulant pas augmenter l'embarras et le ridicule de cette situation en la prolongeant davantage, alla droit à la porte, et l'ouvrit aux regards ébahis de Philémon, qui recula deux pas.

Mademoiselle de Cardoville, malgré sa vive contrariété, ne put s'empêcher de sourire à la vue de l'amant de Rose-Pompon et des objets qu'il tenait à la main et sous son bras.

Philémon, grand gaillard, très-brun et haut en couleur, arrivant de voyage, portait un béret basque blanc ; sa barbe noire et touffue tombait à flots sur un large gilet bleu-clair à la Robespierre ; une courte redingote de velours olive et un immense pantalon à carreaux écossais d'une grandeur extravagante complétaient le costume de Philémon. Quant aux accessoires qui avaient fait sourire Adrienne, ils se composaient : 1° d'une valise d'où sortaient la tête et les pattes d'une oie, valise que Philémon portait sous le bras; 2° d'un énorme lapin blanc, bien vivant, renfermé dans une cage, que l'étudiant tenait à la main.

— Ah! l'amour de lapin blanc! a-t-il des beaux yeux rouges!

Il faut l'avouer, telles furent les premières paroles de Rose-Pompon, et Philémon, à qui elles ne s'adressaient pas, revenait pourtant après une longue absence; mais l'étudiant, loin d'être choqué de se voir complétement sacrifié à son compagnon aux longues oreilles et aux yeux rubis, sourit complaisamment, heureux de voir la surprise qu'il ménageait à sa maîtresse si bien accueillie.

Ceci s'était passé très-rapidement.

Pendant que Rose-Pompon, agenouillée devant la cage, s'extasiait d'admiration pour le lapin, Philémon, frappé du grand air de mademoiselle de Cardoville, portant la main à son béret, avait respectueusement salué, en s'effaçant le long de la muraille.

Adrienne lui rendit son salut avec une grâce remplie de politesse et de dignité, descendit légèrement l'escalier et disparut.

Philémon, aussi ébloui de sa beauté que frappé de son air noble et distingué, et surtout très-curieux de savoir comment diable Rose-Pompon avait de pareilles connaissances, lui dit vivement dans son argot amoureux et tendre :

— *Chat chéri* à son *Mon-mon* (Philémon), qu'est-ce que cette belle dame ?

— Une de mes amies de pension,... grand satyre,... — dit Rose-Pompon en agaçant le lapin.

Puis jetant un coup d'œil de côté sur une caisse que Philémon avait posée près de la cage et de la valise :

— Je parie que c'est encore du raisiné de famille que tu m'apportes là-dedans ?

— *Mon-mon* apporte mieux que ça à son chat chéri — dit l'étudiant, et il appuya deux vigoureux baisers sur les joues fraîches de Rose-Pompon qui s'était enfin relevée, — Monmon lui apporte son cœur.

— Connu... dit la grisette, en posant délicatement le pouce de sa main gauche sur le bout de son nez rose et ouvrant sa petite main qu'elle agita légèrement.

Philémon riposta à cette agacerie de Rose-Pompon en lui prenant amoureusement la taille, et le joyeux ménage ferma sa porte.

FIN DU HUITIÈME VOLUME.

TABLE DES CHAPITRES.

Chap. Ier. Le parvis Notre-Dame. 1
II. La mascarade du choléra. 25
III. Le combat singulier 37
IV. Cognac à la rescousse. 53
V. Les Souvenirs 65
VI. L'empoisonneur. 83
VII. La cathédrale 103
VIII. Les meurtriers 117
IX. La promenade. 137
X. Le malade 161
XI. Le piége. 179
XII. La bonne nouvelle 195
XIII. La note secrète. 211
XIV. L'opération. 221
XV. La torture 237
XVI. Vice et vertu 253
XVII. Suicide 275
XVIII. Les aveux. 301
XIX. Suite des aveux. 319
XX. Les rivales. 337
XXI. L'entretien. 355

A LA LIBRAIRIE PAULIN, RUE RICHELIEU, 60.

LE JUIF ERRANT
PAR M. EUGÈNE SUE.

Édition illustrée de 500 gravures dans le texte, et de 80 beaux types tirés à part, D'APRÈS LES DESSINS DE GAVARNI ;

De 12 grandes compositions de KARL GIRARDET, et de 4 grandes scènes dessinées par PAUQUET; formera 4 beaux volumes in-8° publiés en 80 livraisons à 50 centimes. Prix de chaque volume : 10 francs.

Chaque livraison de 16 pages grand in-8° sera accompagnée, outre un grand nombre de dessins imprimés dans le texte, d'une grande gravure imprimée sur feuillet séparé.

En payant DIX FRANCS d'avance, on reçoit les livraisons *franco* à domicile, à Paris. Chaque livraison, *par la poste*, coûte 60 centimes.

Les deux premiers volumes sont en vente.

BIBLIOTHÈQUE DE POCHE
VARIÉTÉS CURIEUSES DES SCIENCES, DES LETTRES ET DES ARTS.
10 VOLUMES IN-18.

EN VENTE : Tome Ier. **Curiosités littéraires.** — II. **Curiosités bibliographiques.** — *Sous presse :* Tome III. **Curiosités biographiques.** — *Paraîtront ensuite :* IV. **Curiosités historiques.** — V. **Curiosités militaires.** — VI. **Curiosités des Beaux-Arts et de l'Archéologie.** — VII. **Curiosités philologiques et géographiques.** — VIII. **Curiosités des traditions, légendes, usages,** etc. — IX. **Curiosités des origines et des inventions.** — X. **Curiosités anecdotiques.** — Prix de chaque volume : 3 fr.

ITINÉRAIRE DESCRIPTIF ET HISTORIQUE
DE LA SUISSE,

du Jura français, de Baden-Baden, de la Forêt-Noire, de la Chartreuse de Grenoble, des Eaux d'Aix, du Mont-Blanc, de la vallée de Chamouny, du Grand Saint-Bernard et du Mont-Rose.

Avec une carte routière imprimée sur toile, les armes de la Confédération suisse et des vingt-deux cantons, et deux grandes vues de la chaîne du Mont-Blanc et des Alpes bernoises ;

PAR ADOLPHE JOANNE.

Un volume in-12, contenant la matière de 5 volumes in-8° ordinaires.
Prix : broché, 10 fr. 50 c.; relié, 12 fr.

— PARIS, IMPRIMÉ PAR PLON FRÈRES, 36, RUE DE VAUGIRARD. —

www.ingramcontent.com/pod-product-compliance
Lightning Source LLC
Chambersburg PA
CBHW060051190426
43201CB00034B/672